C. Donald Cole · Er aber glaubte Gott

C. Donald Cole

ER ABER GLAUBTE GOTT

Abraham - Vater des Glaubens

Christliche
Verlagsgesellschaft
Dillenburg

Originaltitel: Abraham, God's man of faith

Übersetzung: Annerose Goldhahn
Überarbeitung: Dieter Boddenberg

Druck: St.-Johannis-Druckerei, 7630 Lahr
Printed in Germany · 17372/1980
Umschlag: Eberhard Platte
Umschlagfoto: laenderpress, Düsseldorf
ISBN: 3-921292-18-2

Inhalt

Vorwort

Wer die vielen Aussagen der Heiligen Schrift über Abraham einmal studiert hat, steht sicher staunend davor. Plastisch zeichnet die Bibel ohne Beschönigung und Verschleierung das Bild seines Lebens. Was kann Gott doch aus einem Menschen machen, der sich so konsequent und in tiefer, einfältiger Hingabe an ihn ausliefert! Viele Menschen möchten so glauben können und eine so persönliche Lebensverbindung mit dem lebendigen Gott haben, ein so fruchtbares Zeugnisleben führen. Wie ist das möglich?
Anhand der biblischen Texte führt uns der Autor C. Donald Cole das Bild eines voll im Alltag stehenden Mannes vor Augen und läßt sein Leben eine deutliche, dringliche, vor allem aber hilfreiche Sprache zu uns reden.
Jeder, der dieses Buch liest, wird Gewinn und Nutzen davon haben. Daß dann das Ergebnis echtes geistliches Vorwärtskommen, tieferer Glaube und mehr Jesusähnlichkeit wäre, das wünschen und erbitten wir vom Herrn.

Christliche Verlagsgesellschaft
Dillenburg
Dieter Boddenberg

Kapitel 1

Gott beruft die Unbedeutenden

Bevor Abram von Gott berufen wurde, war er ein Niemand. Die Bibel erwähnt diesen Mann sehr häufig, allein im Neuen Testament vierundsiebzig mal. Niemals aber sagt sie von ihm, daß er damals, in Ur in Chaldäa, wo er aufgewachsen war, ein bedeutender Mann gewesen sei. Die Juden selbst gaben sogar zu, daß er in jenen Tagen ein Götzendiener war, der, wie sie es ausdrückten, »anderen Göttern« dient (Josua 24, 2; Nehemia 9, 7–8). So, wie sein Vater Tarah und jeder andere in der Stadt, diente Abram vermutlich dem Mondgott Nannar, und er hätte ihm auch weiterhin sein ganzes Leben lang gedient, wenn ihm nicht der Gott der Herrlichkeit erschienen wäre und gesagt hätte: »Komm da heraus!«

Bekanntlich verließ Abram Ur und gab den Götzendienst auf. Von diesem Zeitpunkt an – etwa um das Jahr 2000 v. Chr. – betete er nur noch einen Gott an, und nannte ihn den HERRN, den höchsten Gott (1. Mose 14, 22). Für Abram ging es nicht nur darum, wem er den Vorzug gab. Er tauschte nicht einfach einen Götzen gegen einen anderen Gott ein, der mehr seinem Geschmack entsprach, aber im Grunde genauso war wie Nannar – einer von vielen Göttern. Nein, der Gott Abrams war der Herr, der höchste Gott, der Schöpfer Himmels und der Erde. Es gab keine Götter außer ihm; die Götter der Heiden waren nur Götzen.

Kein Mensch kann sagen, wie Gott dem Abram erschien. Die Bibel gibt darüber keine genauere Auskunft, außer in den Worten des Stephanus: »Der Gott der Herrlichkeit erschien unserm Vater Abraham, als er noch in Mesopotamien war, ehe er in Haran wohnte.« Vielleicht sah Abram den Herrn in einer Vision oder in einem Traum; oder vielleicht sah er ihn in einem brennenden Busch stehen, der nicht von den Flammen verzehrt wurde, wie es später bei Mose geschah. Wie dem auch sei, Abrams Begegnung mit Gott war so beeindruckend, daß sie sein Leben veränderte. Er verließ Ur

in Chaldäa und wurde der Vater all derer, die an Gott glauben (Römer 4; Galater 3).
Dennoch bleibt die Frage bestehen: Woher kannte Abram Gott? Natürlich kam diese Frage schon vor vielen Jahrhunderten auf. Man hat sich schon immer gefragt, woher Abram seine Kenntnis über das Wesen Gottes hatte. Nach einer alten Legende geschah es auf folgende Weise:

> Als darauf die Nacht über ihm dunkel wurde, sah er einen Stern; er sprach: »Ist das wohl mein Herr?« Als jener aber verschwand, sagte er: »Ich liebe die Verschwindenden nicht.« Als er darauf den Mond hell aufgehen sah, sprach er: »Das kann wohl mein Herr sein.« Als der Mond aber auch verschwand, sprach er: »Wenn mein Herr mich nicht recht leitet, werde ich einer der Irrenden werden.« Als er später die Sonne hell aufgehen sah, sprach er: »Das wird mein Herr sein! Das ist der größte!« Als sie aber auch verschwand, sprach er: »O mein Volk, ich habe mit all dem nichts zu tun, was ihr als Mitangebetete Gott zugesellt. Ich wende mein Angesicht rechtgläubig demjenigen zu, der die Himmel und die Erde schuf, und nicht bin ich einer der Götzendiener.«
>
> KORAN[1]

War es wirklich so? Nicht nach der Aussage der Bibel. Die Bibel sagt folgendes: »Denn als den Einen berief ich ihn (Abraham), um ihn zu segnen und zu mehren« (Jesaja 51, 2). Es gibt auch ein schönes Gebet in Nehemia 9, 6–8a, in dem ein paar gottesfürchtige Juden den Herrn, ihren Gott, preisen. »Herr, du bist's allein, du hast gemacht den Himmel und aller Himmel Himmel mit ihrem ganzen Heer, die Erde und alles, was darauf ist, die Meere und alles, was darinnen ist; du machst alles lebendig, und das himmlische Heer betet dich an.« Und dann diese Worte: »Herr, du bist Gott, der du Abram erwählt hast und ihn aus Ur in Chaldäa geführt und Abraham genannt hast und hast sein Herz treu erfunden vor dir.«

[1] Der Koran, Arabisch-Deutsch, von Maulana Sadr-Ud-Din; Berlin: Verlag der Moslemischen Revue, 1939; 6. Sure, Das Vieh, Vers 77–80.

Es war also Gott, der sich Abram offenbarte, und nicht Abram, der Gott entdeckte oder erfand.
Indem er Abram rief, tat Gott in kleinem Umfang, was er seitdem in großem Umfang getan hat – die Verlorenen suchen und ihre Seelen retten. Der Herr Jesus sagte: »Der Sohn des Menschen ist gekommen, zu suchen und zu retten, was verloren ist« (Lukas 19, 10). Jeder echte Gläubige weiß, daß Gott die Wahrheit spricht, wenn er sagt: »Ich bin gefunden worden von denen, die mich nicht suchten, ich bin offenbar geworden denen, die nicht nach mir fragten« (Römer 10, 20).

Paulus sagte den Philosophen von Athen: »Und er hat aus einem Blute jede Nation der Menschen gemacht, um auf dem ganzen Erdboden zu wohnen, indem er verordnete Zeiten und die Grenzen ihrer Wohnung bestimmt hat, daß sie Gott suchen, ob sie ihn wohl tastend fühlen und finden möchten, obgleich er nicht fern ist von einem jeden von uns« (Apostelgeschichte 17, 26–27).
Abram hätte also Gott suchen sollen. Vielleicht tat er es auch, aber es steht fest, daß er ihn nicht fand. Niemand hat ihn je gefunden. Wie können wir Gott finden, wenn er sich uns nicht selbst offenbart? Die Welt hat ihre religiösen Genies gehabt – Männer, die es geschafft haben, Religionen zu erfinden, die die Aufmerksamkeit und den Gehorsam von tausenden, sogar Millionen von Nachfolgern gewannen. Keine der Religionen dieser Welt führt zu Gott. Sie sagen dir nur, wie du ihn finden könntest, wenn du dich sehr anstrengst. Abram war kein religiöses Genie. Er erfand nichts. Er vollbrachte nichts. Jedenfalls nichts, was Licht auf das Geheimnis Gottes warf. Abrams Größe war einzig und allein von einer Sache abhängig: er glaubte Gott, der sich ihm offenbart hatte.

Kapitel 2

Trennung von der Familie

Abram machte in seinem Leben nicht viele Fehler, aber diejenigen, die er machte, waren schwerwiegend. Sein erster großer Fehler war, daß er sich von seinem alten Vater Tarah daran hindern ließ, Gottes Ruf zu gehorchen. Gott war Abram erschienen und hatte zu ihm gesagt: »Gehe aus deinem Vaterland und von deiner Verwandschaft und aus deines Vaters Hause in ein Land, das ich dir zeigen werde« (1. Mose 12, 1). Abram sollte sofort gehen, und soweit wir wissen, hat er das wahrscheinlich auch getan. Aber er hätte allein gehen sollen, und das tat er nicht. Er rief die ganze Familie zusammen, einschließlich des alten Götzendieners Tarah, und sie brachen auf ins Verheißene Land – eine große, unglückliche Familie.

Tarah hatte sein Leben lang in Ur gelebt. Ur war nicht eine Stadt wie jede andere. In Ur gab es alles – Kunst, Theater, alles, was man wollte. Es hatte sogar das größte Ziggurat von ganz Mesopotamien. Ein Ziggurat war ein aufstrebender, pyramidenartig geformter Tempel, der wie ein Berg aussehen sollte, dessen Spitze in den Wolken verschwindet. Natürlich konnte sich damals kein Berg, der von Menschen gemacht war, wirklich so hoch erheben, daß er in den Wolken verschwand; aber aus der Wüste gesehen, einige Meilen weiter weg, sah es tatsächlich so aus. Das Ziggurat war also ein perfektes Heiligtum für den Mondgott.

Aber weder ein Mondgott noch ein Sonnengott noch irgendein anderer Götze sind ein passendes Objekt für die Anbetung des Menschen. Der Mensch wurde geschaffen, um Gott anzubeten, und nicht ein Produkt seiner eigenen Hand. Vielleicht hat Paulus die Kultur von Ur in Chaldäa beschrieben, als er sagte, daß gewisse Leute »Gottes Wahrheit in Lüge verkehrt und das Geschöpf verehrt und angebetet haben statt des Schöpfers, der gelobt ist in Ewigkeit« (Römer 1, 25). Im gleichen Atemzug sagt Paulus, daß die, die solches täten, »ohne Entschuldigung« seien (Römer 2, 1). Es gab

keine Entschuldigung für den Götzendienst der Einwohner Urs. Aber wenn schon der einfache Mann auf der Straße keine Entschuldigung hatte, wie stand es dann mit Tarah? Sein eigener Sohn erzählte ihm von dem Gott der Herrlichkeit. Sein eigener Sohn führte ihn in die Wildnis, auf den Weg in das Verheißene Land. Tarah hatte nicht die Absicht, seine Meinung zu ändern. Er war mit seinem Lebensstil zufrieden. Er wollte weiterhin Nannar, dem Mondgott, opfern. Aus diesem Grund blieb die Reisegruppe auf halbem Wege in Haran stecken. In Haran gab es auch einen Tempel des Mondgottes. Tarah war wieder mit seinen Götzen vereint, und nichts konnte ihn von ihnen trennen.
Das ist zwar nicht erstaunlich, aber traurig. Noch trauriger ist es, daß Abram dadurch auf seiner Reise in das Land, das Gott ihm geben wollte, aufgehalten wurde. Er hätte seinen Vater in Ur lassen sollen. Abram war zu dieser Zeit kein kleiner Junge mehr. Er war kein Kind, das sich seinen Eltern unterordnen mußte. Obgleich wir nicht wissen, wie alt er war, als er mit der ganzen Familie Ur verließ, wissen wir doch, daß er alt genug war, um eine Frau zu haben. Abram hätte sich viele Jahre, die ihre Spuren hinterließen, erspart, wenn er gewußt hätte, daß der Gehorsam gegenüber dem Ruf Gottes einen Mann seine besten Freundschaften kosten kann, selbst solche innerhalb der nächsten Verwandtschaft.
Jahrhunderte später sagte der Herr Jesus seinen Zuhörern, was Jüngerschaft kosten kann:

> Denn ich bin gekommen, den Menschen zu entzweien mit seinem Vater und die Tochter mit ihrer Mutter und die Schwiegertochter mit ihrer Schwiegermutter; und des Menschen Feinde werden seine eigenen Hausgenossen sein. Wer Vater oder Mutter mehr liebt als mich, ist meiner nicht würdig; und wer Sohn oder Tochter mehr liebt als mich, ist meiner nicht würdig; und wer nicht sein Kreuz aufnimmt und mir nachfolgt, ist meiner nicht würdig. Wer sein Leben findet, wird es verlieren, und wer sein Leben verliert um meinetwillen, wird es finden (Matthäus 10, 35–39).

Es mag sein, daß wir nicht wie Abram unser Land, unsere

Verwandtschaft und unsere Familie verlassen müssen. Jedenfalls nicht, solange diese Dinge nicht zwischen unserer Seele und Gott stehen. Aber wenn das geschehen sollte, dann würde der Ruf Gottes – mit allergrößter Sicherheit – eine Trennung von ihnen verlangen, ganz gleich, wie sehr es schmerzen würde.

Jüngerschaft – das bedeutet mein Verhältnis zu Gott – verlangt Selbstverleugnung. Das ist keine Selbstverstümmelung, kein quälendes, endloses Martyrium. Nach den Worten Jesu ist Selbstverleugnung kein Ziel an sich, sondern soll zur Bindung an ihn führen. Ein wahrer Jünger ist in der Tat von allem, was seine Seele verletzen oder seinen Dienst für Gott hindern könnte, getrennt. Eben diese Trennung macht eine Verbindung mit Gott möglich. Der Herr Jesus sagte: »Folge *mir* nach.«

Und das tat Abram. Er folgte, und Gott führte ihn.

Kapitel 3

Das Ende der Reise

Tarah starb in Haran, und Abram begrub ihn dort. Wie jede Beerdigung war es ein trauriges Erlebnis. Aber in Abrams Fall wurde ein Tod in der Familie zu einem Segen: Er befreite ihn, so daß er jetzt ungehindert dem Gott der Herrlichkeit folgen konnte, der sich ihm offenbart hatte. Es dauerte nicht lange, und Abram war wieder unterwegs.

Dennoch war es erstaunlich, daß er wieder aufbrach. Er war längst aus einem Durchgangshotel in Haran in ein Eigenheim in einem der Vororte umgezogen. Dort war er heimisch geworden. Er hatte Investitionen gemacht, um die er sich kümmern mußte, und hatte Kapital auf der Bank liegen – um es mal auf heutige Verhältnisse zu übertragen. Die Bibel sagt uns, warum er ein zweites Mal alle Brücken abbrach: Der Gott der Herrlichkeit erschien ihm zum zweiten Mal.

Dieses Mal machte der Herr Abram klar, daß die Bedingungen seiner Berufung eine Trennung von seinem Land, seinen Verwandten und seinem Vaterhaus einschlossen. Das war eine schwere Lektion. Vaterland, Verwandte und das Heim sind heilig; es gibt nichts, was die Menschen nicht für sie tun würden. Aber etwas gibt es, was ein Mann selbst für sein Land, seine Verwandten und sein Vaterhaus nicht opfern darf: er darf nicht seine Seele für sie aufgeben.

So brach Abram nach dem Tode seines alten Vaters seine Zelte ab und zog in Richtung Kanaan. Man weiß nicht, wie viele Schwierigkeiten er auf dem Wege ertragen mußte, wie viele Tage unter einer brennenden Wüstensonne oder Nächte unter einem bleichen Mond. Der Geschichtsschreiber der Heiligen Schrift läßt das Unwesentliche weg und sagt einfach: »Sie zogen aus, um ins Land Kanaan zu reisen; und sie kamen in das Land.« Für uns Christen ist

das einzig wichtige, daß der große himmlische Führer den Abram damals ebenso ans Ziel brachte, wie er uns ans Ziel bringen wird.
Abram wußte nicht genau, ob seine Reise wirklich zu Ende war, denn das Land, in das er kam, war schon besetzt. Die Kanaaniter lebten damals im Land und Abram mag sich gefragt haben, ob er wohl Gottes Signale verpaßt hatte.
Die Bibel sagt, daß ihm in solchen Augenblicken des Zweifels der Herr erschien und ihm versicherte: »Ja, dies ist das Land.« Gott würde es Abrams Nachkommen geben. Abram selbst würde nie auch nur einen Quadratmeter des Verheißenen Landes besitzen. Für ihn hatte Gott etwas Besseres reserviert – eine Stadt, die festen Grund hat, und deren Bauherr und Schöpfer Gott ist (Hebräer 11, 10). Abram sollte den Lohn für seinen Glauben nicht zu Lebzeiten empfangen; er sollte in dem Verheißenen Land ein ständiger Wanderer, ein echter Pilger und Fremdling, sein. In dieser Hinsicht ist Abram ein Typus der Gläubigen aller Zeiten, die wie er bekennen, daß sie ein besseres Land, ja, ein himmlisches Land suchen.
Als der Herr Abram erschien, wurde seine Kraft erneuert. Sein Herz war voll Freude. Er sah sich um. Waren irgendwelche Steine zur Hand? Nur ein paar, aber am Rand der Oase fand er Erdschollen, die von der Sonne hartgebrannt waren. Abram schöpfte Wasser aus dem Teich und rührte genügend Mörtel an. Dann legte er die Erdschollen und die Steine, die er gefunden hatte, in den Mörtel und schichtete sie zu einem Altar aufeinander, der breit genug war, um ein Lamm darauf zu opfern.
Sind die Kanaaniter noch im Lande? Ja, und? Abram hatte keine Angst; er war nicht enttäuscht. Das Doppelsymbol seines ganzen Lebens würde ein Zelt und ein Altar sein. Er würde ein anbetender Pilger sein.

Kapitel 4

Zurück zum Start

Abrams Lebensgeschichte beweist, daß sich Gott um die Menschen kümmert. Er sorgt sich um die Nöte einzelner. Dies ist eine der großartigsten Lehren der Bibel. Heutzutage verliert man sich leicht in einem Dschungel von Statistiken. Man kann sehr schnell auf den Gedanken kommen, daß sich niemand auch nur im geringsten um einen kümmert. Und damit könnte man sogar recht haben! Aber Abrams Leben beweist, daß sich Gott selbst um den einzelnen Menschen kümmert, und daß er niemals aufgibt. Er ist der Gott Abrahams und Isaaks und Jakobs – der Gott, der Menschen beruft, der Gott, der sich den Menschen offenbart, der Gott, der sie mit einer ewigen Liebe liebt. Er gibt seinen Leuten so viele Chancen, wie sie brauchen. Denn es steht geschrieben: »Darum schämt sich Gott nicht, ihr Gott zu heißen« (Hebräer 11, 16 a).

Gott gab Abram eine Reihe weiterer Gelegenheiten. In der Tat, jedesmal, wenn Abram versagte, vergab ihm Gott und half ihm, wieder von neuem anzufangen. Der erste Fehler, den Abram im Verheißenen Land machte, war, daß er es verließ. Bis dahin hatte er richtig gehandelt. Er hatte Altäre gebaut und seine Herden nach und nach von den Weidegründen im Norden zu denen im Süden getrieben. Dann fand er kein Weideland mehr. Aber anstatt sich wieder nach Norden zu wenden, zurück zu den grünen Weiden, ging er weiter nach Süden in die Sinai-Halbinsel hinein. In dieser Wüste fand er nur die Voraussetzungen für eine Hungersnot. Es gab kein Wasser für seine Herden und nicht viel Gras. Deshalb drängte Abram weiter nach Ägypten und hielt nicht ein, bis er nach Memphis kam. Das war sein erster Fehler.

Es ist menschlich durchaus verständlich, daß Abram bis nach Memphis ging. Schließlich war er ein Großstädter. Er war in Ur in Chaldäa geboren und aufgewachsen. Im Verheißenen Land gab es weder Leuchtreklame noch die Annehmlichkeiten der Zivilisation.

Die paar Städte, die er kannte, waren klein, langweilig und voll kanaanitischem Gesindel. Abram wollte nichts mit ihnen zu tun haben. Memphis dagegen war etwas besonderes – eine elegante Stadt am Nil. Ganz in der Nähe stand die berühmte Sphinx, eine Reihe Pyramiden und eine berühmte Grabkammer. Vielleicht meinte Abram, daß er einmal Abwechslung brauche. Trotzdem war er nicht froh, als er sich der Stadt näherte. Er hatte Angst und machte sich Sorgen um seine Sicherheit. Er kannte den Ruf, den die Pharaonen, die Könige Ägyptens, hatten. Sie hielten sich einen großen Harem.

Um Sarai zu bekommen, hätte der Pharao Abram sogar getötet. Abram wußte das und hatte über die Situation nachgedacht. Dann hatte er mit seiner Frau eine Abmachung getroffen, die ihn beim Pharao beliebt machen und sein Leben retten sollte. Es wäre ihm besser ergangen, wenn er Gott vertraut hätte.

Abrams Rückfall in den Unglauben gegenüber dem lebendigen Gott war mit Sicherheit nur von kurzer Dauer. Aber er brachte ihm eine Menge Schwierigkeiten ein, und, was noch schlimmer war, Abram erwarb sich bei den heidnischen Ägyptern einen sehr schlechten Ruf. Als der Pharao entdeckte, daß er von Abram getäuscht worden war, ließ er ihn durch eine Abteilung seiner Truppen bis zur Straße nach Norden geleiten, in das Land, aus dem sie gekommen waren. Abram konnte froh sein, daß er noch einmal mit dem Leben davongekommen war. Er hatte seine Lektion gelernt und reiste in Etappen den ganzen Weg zurück bis zu dem Ort zwischen Bethel und Ai, wo er den Altar errichtet hatte. Dort rief er den Namen des Herrn an – etwas, was er während jener Monate in Ägypten, in denen er vom Glauben abgefallen war, offensichtlich nicht getan hatte.

Sagten wir abgefallen? Ja, abgefallen. Abram hatte das Land, das Gott ihm gezeigt hatte, verlassen. Er hatte das Land der Altäre, die dem Gott der Herrlichkeit geweiht waren, verlassen. In der späteren Geschichte Israels war Ägypten immer ein Ort der Schande und des Abfalls. Jahrhunderte später klagt Jeremia über das Israel seiner Tage:

Dazu scheren die Leute von Nof und Tachpanches dir den

> Kopf kahl. Das alles hast du dir selbst bereitet, weil du den Herrn, deinen Gott, verläßt, sooft er dich den rechten Weg leiten will. Was hilft's dir, daß du nach Ägypten siehst und willst vom Nil trinken? (Jeremia 2, 16–18).

Abram war also der erste von vielen Abtrünnigen; es gibt wohl kaum jemanden, der sich nicht irgendwann einmal auf der Straße nach Ägypten befunden hat.
Bist du gerade dort? Wenn ja, was solltest du tun?
Kehre um und geh zurück nach Bethel, dem Ort des Altars. Gib dich Gott wieder neu hin, wie Abram es tat.

Kapitel 5

Folgt diesem Mann!

Lot war ein armer Waisenjunge, der sein großes Glück machte, gleich nach seinem Onkel Abram wurde er zum größten Viehbesitzer der Gegend. Aber das Land war für zwei riesige Herden nicht groß genug, und es dauerte nicht lange, da kämpften Abrams und Lots Männer miteinander. Sie kämpften um die Wasserlöcher, und sie kämpften um die Täler, in denen das Gras grün und saftig war. Eines Tages kam Abrams Vormann zu Abram und sagte: »Chef, es wird 'nen richtiggehenden Krieg um das Land geben, wenn Sie Herrn Lot nicht los werden.«

Abram sagte, er wolle darüber nachdenken.

Als Abram das nächste Mal mit Lot zusammenkam, brachte er die Angelegenheit zur Sprache. »Laß doch kein Gezänk sein zwischen mir und dir und zwischen meinen Hirten und deinen Hirten; denn wir sind Brüder!« (1. Mose 13, 8). Lot meinte auch, daß es falsch sei, aus diesem Grunde zu kämpfen. Aber er wußte nicht, wie er seine Leute zurückhalten sollte. Schließlich mußten sie ihre Arbeit tun, und zu dieser Jahreszeit war Wasser knapp. Schließlich machte Abram einen Vorschlag: »Ist nicht das ganze Land vor dir?«, sagte er. »Trenne dich doch von mir! Willst du zur Linken, so will ich mich zur Rechten wenden, und willst du zur Rechten, so will ich mich zur Linken wenden« (1. Mose 13, 9).

Lot mußte zugeben, daß das ein selbstloses und großzügiges Angebot war. Erst viel später stellte sich heraus, daß Lots nun folgende Wahl ihn beinahe das Leben gekostet hätte. Lot wählte das, was ihn ruinieren würde. Trennung von Abram war das letzte, was Lot brauchte.

Damals in Ur, in der großen Stadt in Chaldäa, aus der er gekommen war, war Lot eine Waise gewesen. Nach seinem Vater, der gestorben war, als Lot noch ein kleiner Junge war, hieß er Lot Haran. Durch Harans Tod hatte Lot keinen Vater, bis Abram an dessen

Stelle trat und sagte: »Komm, Lot. Du bleibst bei mir.« Seit dieser Zeit hatte sich Abram um Lot gekümmert. Diese neue Beziehung war allerdings in keiner Weise eine Vater-Sohn Beziehung. Abram hörte nie auf, sich einen eigenen Sohn zu wünschen, bis Isaak geboren wurde. Er sah Lot nicht als Sohn an; er sah ihn als jüngeren Bruder. Wie die Beziehung auch immer gewesen sein mag – sie hatte für Lot gewaltige Vorteile. Als Abram in Haran den Ruf Gottes hörte, sein Land und seine Familie zu verlassen, nahm er Lot mit. Das bedeutete, daß Lot nicht in Haran blieb und in einer Stadt, die sich dem Götzendienst hingab, auf sich selbst angewiesen war. Er reiste in der Karawane des gottesfürchtigen Abram in das Verheißene Land.

Abrams Gottesfurcht beeinflußte Lot, wenn auch sein späteres Leben kaum danach aussieht. Es gibt in seinem Leben wenige Anzeichen einer echten Bekehrung zu Gott. Und dennoch muß es etwas grundlegend Gutes in diesem Mann gegeben haben. Wir vermuten das, weil Petrus ihn den »gerechten Lot« nennt (2. Petrus 2, 7) und sagt, daß Gott ihn aus einer der schlimmsten Situationen seines Lebens rettete. Wenn Petrus an die Gerechtigkeit dachte, die in der Bibel immer mit Lots Onkel Abram in Verbindung gebracht wird, dann muß Lot gläubig gewesen sein. Durch den Glauben erlangte Abram Gerechtigkeit. Zweifellos erzählte er die Geschichte Lot, und Lot glaubte auch.

Dies ist ein guter Rat für uns alle: finde einen wirklich gottesfürchtigen Mann und bleibe mit ihm in enger Verbindung. Das wird dich prägen.

Kapitel 6

Der falsche Weg

Soweit wir dies beurteilen können, hatte Abram durch den Abfall in Ägypten keinen bleibenden Schaden erlitten. Sein Neffe Lot kam nicht so gut davon. Sein späteres Leben scheint eher darauf hinzudeuten, daß, wenn er Ägypten auch verließ, er es doch nie vergaß.

Lot war wie das spätere Volk Israel. Sie klagten über die schweren Zeiten in der Wüste und wünschten, in die glänzende Zivilisation Ägyptens zurückkehren zu können. »Wir gedenken der Fische, die wir in Ägypten umsonst aßen«, jammerten sie, »der Gurken und der Melonen und des Lauchs und der Zwiebeln und des Knoblauchs; und nun ist unsere Seele matt; gar nichts ist da, nur auf das Man sehen unsere Augen« (4. Mose 11, 5–6; vergleiche Psalm 78). Sie vergaßen ihr Elend in jenem Land; sie erinnerten sich nur an die Leckerbissen.

Lot war genauso; es dauerte nicht lange, bis er im Verheißenen Land ein Ägypten in Kleinformat fand – eine Stadt namens Sodom. Die Geschichte seiner Abenteuer in Sodom ist eine traurige Lektüre. Aber der Gedanke, daß Abram zumindest zu einem gewissen Grade mit daran schuld war, ist vielleicht noch trauriger. Wenn dieser große Mann des Glaubens nicht abgefallen wäre, hätte sein Neffe Lot vielleicht nie Ägypten gesehen.

Obwohl er es damals wohl kaum wußte, so war dies doch eine Krise in seinem Leben. Wenn er darüber nachgedacht hätte, hätte er Jahre später mit einer kleinen Änderung die gleichen Zeilen schreiben können, die Robert Frost in »Die nicht begangene Straße« schrieb. Wenn Lot das Gedicht geschrieben hätte, dann hätte die Abweichung darin bestanden, daß er den Weg ging, der am meisten benutzt wurde – und das war ein großer Unterschied.

Die Bibel sagt von Abram: »Durch Glauben siedelte er sich im Land der Verheißung an, wie in einem fremden und wohnte in Zelten . . .

denn er erwartete die Stadt, die Grundlagen hat, deren Baumeister und Schöpfer Gott ist.« (Hebräer 11, 9–10). Abram kannte den Weg nach Sodom genauso gut wie Lot. Auch er wurde in einer Großstadt geboren, und er war in Memphis in Ägypten gewesen. Aber Abram wollte etwas Besseres als eine Stadt, die zum Untergang verdammt war. Er war bereit zu warten, und wenn Gott ihn erst nach seinem Tode in eine Stadt führen würde, dann hatte Abram nichts dagegen. Dann, und erst dann, würde er durch die Perlentore der wahren Stadt Gottes einziehen, deren Baumeister und Schöpfer Gott selbst ist.

Damit war Lot nicht einverstanden. Er dachte, Abram wäre ein Fanatiker, ein Phantast, der Träume hätte und sie für Wirklichkeit hielt. Lot meinte, daß der Ruf Gottes ja nicht unbedingt unvereinbar mit der Kultur und der Eleganz des Großstadtlebens in Sodom sein mußte. Also traf er seine Wahl; er wählte Sodom.

Kapitel 7

Hüter des Bruders sein

Es war viel schwieriger, Lot loszuwerden, als Abram gedacht hatte. Der Grund dafür war, daß Lot ihn immer wieder brauchte, und Abram hatte ein gesundes Verständnis von Bruderschaft. Es war sogar sein Verständnis von Bruderschaft, das ihn überhaupt erst zur Trennung zwang. »Laß doch kein Gezänk sein zwischen mir und dir«, sagte er, »denn wir sind Brüder!« (1. Mose 13, 8). Die Art von Bruderschaft, die Abram ausübte, machte ihn zum Hüter seines Bruders; ob er es nun wollte oder nicht – er war Lots Hüter. Und weil er für immer Lots Hüter war, wurde er in einen Krieg hineingezogen. Aber diesmal war es nicht ein Gerangel zwischen Schafhirten; es war ein echter Krieg.

Nicht lange nachdem sich Lot in Sodom niedergelassen hatte, kam die Nachricht, daß vier Könige aus dem Osten ihre Armeen für einen Angriff auf Sodom und seine Nachbarstädte zusammenzögen. Lot schloß sich der Armee der Sodomiter und ihrer Verbündeten nicht an, als sie hinauszogen, um mit den Feinden zu kämpfen. Er hätte sich freiwillig melden sollen, dann hätte er eine Chance gehabt, in die Berge zu fliehen oder sich tot zu stellen und sich so vor der Gefangenschaft zu retten. Die Armeen aus dem Osten schlugen die Streitkräfte Sodoms und ihrer Verbündeten in die Flucht. Sodom wurde geplündert, und diejenigen, die wie Lot zu Hause geblieben waren, wurden Kriegsgefangene. Ihre Häscher machten sie zu Lasttieren, um die Beute wegzutragen. Der große Mann Lot mußte Lasten wie ein Tragtier schleppen. Für seine Frau war dies vielleicht das erste bißchen Arbeit seit Jahren, und sie stöhnte wahrscheinlich den ganzen Weg nach Dan.

Als er so vorwärtsstolperte, schweißgebadet unter seiner Last und geschlagen wie ein Stück Vieh, mag Lot jede Hoffnung aufgegeben haben. Er konnte nicht wissen, daß ein Mann entkommen war und Abram gefunden hatte, der seine Zelte nahe bei den Eichen des

Waldes Mamre aufgeschlagen hatte. Selbst wenn er es gewußt hätte, hätte es ihm wohl nicht viel geholfen. Schließlich war es seine eigene Dummheit und Lust gewesen, die ihn zu Fall gebracht hatte. Warum sollte er von Abram Hilfe erwarten? Er hatte sich immer aus allem herausgehalten; er hatte Sodom nie betreten.

Natürlich irrte sich Lot. Sobald er hörte, daß sein Neffe gefangen genommen worden war, musterte Abram seine Truppen. Truppen? Nun, nicht ganz. Aber es waren geschulte Männer, und da sie in Abrams Haushalt geboren worden waren, waren sie absolut zuverlässig. Abram teilte Waffen aus und jagte mit seinen Leuten dem Feind nach.

Abram war großartig im Kampf. Man hätte nie vermutet, daß er wußte, wie man kämpft oder eine kleine Streitmacht ausbildet und ausrüstet. Er hatte sich immer im Hintergrund gehalten und war sanft, ja sogar ängstlich gewesen. Wie König David in der späteren Geschichte Israels, konnte Abram sagen: »Jehova! nicht hoch ist mein Herz, noch tragen sich hoch meine Augen; und ich wandle nicht in Dingen, die zu groß und zu wunderbar für mich sind« (Psalm 131, 1). Aber Abram wußte, daß er der Hüter seines Bruders war, und deshalb zeigte er sich der Lage gewachsen und wurde ein Krieger. Damals gab es für einen Mann Gottes keine andere Möglichkeit.

Kapitel 8

Der Kampf nach der Schlacht

Es war ein Kinderspiel für Abram, die Feinde in der Schlacht zu besiegen. Er war ein ausgezeichneter Kommandant, und ihm standen 318 geschulte Männer zur Verfügung. Die feindlichen Eindringlinge konnten es nicht mit ihm aufnehmen. Er kannte sie gut und ebenso auch ihre Strategie. Schließlich war er im gleichen Teil der Welt, aus dem sie kamen, geboren worden und aufgewachsen. Sinear und Elam, die Städte von zweien der plündernden Könige, lagen ziemlich nahe bei Ur, Abrams früherer Heimatstadt. Daher kannte er ihre Gewohnheiten und wußte, daß sie nach dem Abendessen wie tot schlafen würden.

Abram teilte seine Truppen und griff in der Nacht aus verschiedenen Richtungen an. Erst als sie die Schreie der Sterbenden und Verwundeten hörten, wußten die Feinde, daß man sie überfallen hatte. Aber da war es schon zu spät. Sie hatten schwere Verluste erlitten, und selbst die, die entkamen, wurden über 50 Meilen weit verfolgt. Für Abram war es keine große Schlacht. Im Glauben wurde er im Kampf stark und trieb der Feinde Heer zurück. (Hebräer 11, 34).

Für ihn kam die wahre Schlacht hinterher, als er mit der Versuchung kämpfen mußte. Er war müde und fröhlich zugleich – eine leichte Beute, wie der Teufel meinte. Jetzt war die richtige Zeit, um Abram zu fällen! Satans Werkzeug war der König von Sodom, der nach dem ersten Zusammenstoß mit den Königen des Ostens geflohen war, und sich wahrscheinlich in einem geheimen Versteck verborgen gehalten hatte. Nun kam er aus seinem Erdloch herausstolziert, entschlossen, wie ein König zu klingen, wenn er auch unfähig war, wie ein solcher zu handeln. »Gib mir die Seelen«, sprach er, »und nimm die Habe für dich.« (1. Mose 14, 21). Wahrscheinlich meinte er, daß das ein großzügiges Angebot war. Allerdings vergaß er dabei, daß es Sache des Siegers ist, die Beute aufzuteilen. Als

Kommandant einer siegreichen Armee hätte Abram alles behalten können – den Raub und auch die Menschen. Wer sollte ihn daran hindern? Ganz bestimmt nicht das feige »Königlein« von Sodom!
Trotzdem kam es Abram nie in den Sinn, so zu handeln. Aus brüderlicher Liebe hatte er zu den Waffen gegriffen, und nicht aus Habgier. Er war nicht gewinnsüchtig. Abram spürte die Macht dieser besonderen Versuchung – seinen Reichtum auf Kosten Sodoms zu vergrößern – erst, als der König von Sodom sein Angebot machte. Sicherlich hatte er ein Anrecht darauf. Aber wenn er nachgegeben hätte, hätte er den Männern von Sodom – und insbesondere dem König – Anlaß gegeben zu prahlen, sie hätten Abram reich gemacht.
Abram focht den Kampf in seinem Herzen aus und gewann ihn. Er entschied sich, still auf den Herrn zu vertrauen und auf ihn zu harren (Psalm 37, 7). Er war entschlossen, sich durch nichts aus der hohen Stellung eines Menschen herabziehen zu lassen, dessen Hoffnung der Herr ist (Psalm 62, 5–6). Niemand aus Sodom würde sich je rühmen können, er habe Abram geholfen, reich zu werden.
Abram war einer der ersten, die die Lektion lernten, daß man mit Zuversicht zum Gnadenthron Gottes treten kann, wenn man stark versucht wird, und dort Barmherzigkeit empfangen und Gnade finden kann, und Hilfe, wenn man sie braucht (Hebräer 4, 16). »Keine Versuchung hat euch ergriffen als nur eine menschliche; Gott aber ist treu, der nicht zulassen wird, daß ihr über euer Vermögen versucht werdet, sondern mit der Versuchung auch den Ausgang schaffen wird, so daß ihr sie ertragen könnt« (1. Korinther 10, 13).

Kapitel 9

Speise für Leib und Seele

Der König von Sodom ging hinaus, um Abram in »Schawe« dem »Königstal«, zu treffen. Bevor aber dieses Zusammentreffen tatsächlich stattfand, traf Abram einen besseren König, Melchisedek. König Melchisedek war Gottes Bote für seinen erschöpften Diener Abram.

Wer war Melchisedek? Die Bibel sagt, daß er der König von Salem, d. h. der König von Jerusalem, war. Er war also ein König. Außerdem war er ein Priester. Aber Melchisedek war ein ungewöhnlicher König und ein ungewöhnlicher Priester. Anders als normale Könige, die ihre Throne für gewöhnlich ererben, war Melchisedek ein unabhängiger König. Und anders als normale Priester, die in ihr Amt eingesetzt werden und bis zu ihrem Tode Priester bleiben (außer, wenn sie von Gott abfallen), war Melchisedek von niemandem eingesetzt, und es gibt keinen Bericht über seinen Tod.

Keinen Bericht. Deshalb sagte später ein Schriftsteller, daß er »ohne Vater, ohne Mutter, ohne Abstammung« war, und »weder einen Beginn seiner Tage noch ein Lebensende« hatte. Der Schriftsteller, der dies sagte, wußte, daß diese Information absichtlich vorenthalten ist.

Melchisedek hatte eindeutig einen höheren Rang, als Abram, und Abram erkannte dies an, indem er Melchisedek ein Zehntel der Kriegsbeute gab. Warum ist die Abstammung eines so großen Mannes nicht angegeben? Warum stehen uns nur so wenige Informationen zur Verfügung? Damit es den Anschein hat, als ob Melchisedek weder Anfang noch Ende hat und er so ein Hinweis auf Christus sein kann (siehe Hebräer 6, 20–8, 2). Jesus Christus, der starb, wieder auferstand und ewig lebt und herrscht, ist, wenn auch auf eine unendlich feinere und höhere Art, Priester wie Melchisedek. Das bedeutet, daß er nie aufhört, priesterlich im

Himmel zu dienen. Er stirbt nicht, und fällt auch nicht ab. Deshalb können wir mit Zuversicht zum Thron der Gnade kommen, wenn wir Versuchung oder irgend eine Art Bedrängnis verspüren. Er gibt uns Gnade und hilft uns, wenn wir Hilfe brauchen (Hebräer 4, 16).

Melchisedek gab Abram Gutes für Leib und Seele. Er gab ihm Brot und Wein für seinen Körper und Ermutigung für seine Seele. Abram brauchte beides. Er war müde und hungrig, und als Nachwirkung der Aufregung und des Sieges kam eine depressive Stimmung. Abram war niedergeschlagen. In ein paar Minuten mußte er es mit den Schmeicheleien des Königs von Sodom aufnehmen. Für dieses Zusammentreffen brauchte Abram Kraft, um der Versuchung zu widerstehen. Melchisedek sprach mit ihm, und in diesen Worten fand Abram die Kraft, die er brauchte.

Was waren das für Worte? »Gesegnet sei Abram von Gott, dem Höchsten, der Himmel und Erde besitzt! Und gepriesen sei Gott, der Höchste, der deine Feinde in deine Hand geliefert hat!« (1. Mose 14, 19–20). Waren diese einfachen Worte eine Hilfe für Abram? Sie waren es tatsächlich. Der Gedanke an Gott – seinen Gott – als den, dem Himmel und Erde gehören, gab Abram ein Gefühl von unvorstellbarem Reichtum und unermeßlicher Sicherheit. Was konnte der König von Sodom einem Kind Gottes, des Allerhöchsten, dem Besitzer Himmels und der Erde, schon bieten? Als er Melchisedek zuhörte, spürte Abram, wie sein Herz sich mit Freude und Dankbarkeit füllte.

Später am Tag, als der König von Sodom seine fragwürdige Rede hielt und Abram im Tausch gegen Menschen den ganzen eroberten Raub anbot, gebrauchte Abram genau dieselben Worte, die Melchisedek zu ihm gesprochen hatte. »Ich hebe meine Augen auf zu Jehova, zu Gott, dem Höchsten«, sagte er, »der Himmel und Erde besitzt: Wenn vom Faden bis zum Schuhriemen, ja, wenn ich irgend etwas nehme von dem was dein ist . . .! auf daß du nicht sagest: *Ich* habe Abram reich gemacht.« In diesen Worten, und in der Wahrheit, die sie zum Ausdruck brachten, hatte Abram die Kraft gefunden, die er so nötig brauchte.

Abram war einer der ersten, die die Kraft der Worte Gottes entdeckten; aber er war auf keinen Fall der letzte. Jeremia machte

dieselbe Entdeckung. Im Gebet sagte er Gott folgendes: »Deine Worte waren vorhanden, und ich habe sie gegessen, und deine Worte waren mir zur Wonne und zur Freude meines Herzens; denn ich bin nach deinem Namen genannt, Jehova, Gott der Heerscharen« (Jeremia 15, 16). Ja, die Worte Gottes bringen Freude in das Herz eines Menschen, und sie geben Kraft – moralische Kraft – um im Kampf gegen die Sünde ein Sieger zu werden.
Die Frage an uns lautet: Haben wir heute ein Wort von Gott bekommen, das uns in unserer Situation hilft?

Kapitel 10

Die Belohnung

Nach der Schlacht schnitt Abram die Fesseln Lots und der anderen Gefangenen auf und trat die Heimreise an. Sie dauerte ungefähr eine Woche. Er war todmüde, und zum ersten Mal seit Beginn dieser Episode hatte er Angst. Nach der Aufregung durch die Verfolgung und den Kampf war dies eine ganz natürliche Reaktion. Solch ein Tief war wahrscheinlich unvermeidlich. Aber seine Angst rührte auch von einer nüchternen Erwägung der Tatsachen her. Er wußte, daß sein Sieg, menschlich gesehen, ein reiner Glücksfall war. Ebenso war ihm klar, daß sich die Armeen des Ostens neu formieren, zurückkehren und sich an diesem neureichen Hirten namens Abram, rächen würden. Sie würden ihn zu fassen wissen. Davor hatte Abram Angst.

Genau zu diesem Zeitpunkt sprach Gott in einer Vision zu ihm. Was sagte Gott? Genau das, was Abram in dieser Krise seines Lebens hören mußte: »Früchte dich nicht.« Dann fügte er hinzu: »Ich bin dir ein Schild« (1. Mose 15, 1). Abram wußte, was Gott meinte, genauso, wie wir wüßten, was gemeint ist, wenn sich Gott als unser Luftschutzraum oder unsere kugelsichere Weste beschreiben würde. Gott meinte, daß er Abram schützen würde. Er würde zwischen seinem Diener und jedem Speer, der nach ihm geschleudert werden würde, oder jedem fliegenden Pfeil stehen. Deshalb faßte Abram Mut und fühlte sich erfrischt. Dies war das erste Mal, daß Gott irgend jemandem gesagt hatte, er solle sich nicht fürchten, obgleich es nicht der erste Anlaß zur Furcht war.

Aber das war nicht alles, was der Herr sagte. Er fügte noch die Worte hinzu: »Ich bin . . . dein sehr großer Lohn« (Vers 1). Was meinte Gott damit? Er versprach Abram damit die größte aller Gaben – sich selbst. Als er sagte: »Ich bin . . . dein . . . Lohn«, da meinte er genau das, was er sagte. Gott wußte, daß er Abram mit nichts geringerem zufriedenstellen konnte. Was bedeuteten materielle Geschenke für einen Mann, der so ungeheuer reich war, wie Abram? Nichts. Überhaupt nichts! Er hatte ja schon alles abgelehnt, was Sodom ihm hätte bieten können. In gewisser Weise waren Gottes Segnungen nichts Neues: Abram hatte schon tausende Male Gottes Hilfe erlebt. Er wußte, daß sein Sieg über die Könige des Ostens eigentlich das Werk des Herrn war. Was konnte ihm Gott also geben, was er nicht schon hatte?

Die Antwort ist, daß Gott sich selbst geben kann. Dies ist keine naheliegende Antwort; sie ist in der Tat absolut unglaublich – oder wäre es zumindest, wenn wir nicht sein Wort darauf hätten. Aber das Zeugnis der Schrift besagt tatsächlich, daß Gott denen, die ihm vertrauen, sich selbst gibt. Abram war nicht der erste, der dies entdeckte. Er war auch nicht der letzte.

Mose, der Mann Gottes, der nie ein eigenes Zuhause besaß, sprach es aus, als er seinen Gott pries: »Herr«, sagte er, »du bist unsere Wohnung gewesen von Geschlecht zu Geschlecht« (Psalm 90, 1). Mose war zwar ein ständiger Wanderer, aber er kannte Gott. Wie David, der so viele wunderbare Lieder und Gebete schrieb, konnte auch Mose sagen: »Jehova ist das Teil meines Erbes und meines Bechers« (Psalm 16, 5).

Wir können froh sein, daß das nicht nur eine poetische Formel ist. Eins der schönsten Versprechen Jesu ist sein Angebot, in dem er denen, die ihn lieben, sich selbst anbietet. »Wenn jemand mich liebt«, sagte er, »so wird er mein Wort halten, und mein Vater wird ihn lieben, und wir werden zu ihm kommen und Wohnung bei ihm machen« (Johannes 14, 23). Kann es ein größeres Geschenk als Gott selbst geben?

Wenn ein Mensch, der alles besitzt, Gott nicht hat, dann hat er gar nichts!

Kapitel 11

Die rechtmäßigen Erben

Mehr als alles andere in der Welt wollte Abram einen Sohn haben. Jahrelang hatte er sich nach einem eigenen Sohn gesehnt, und als er Haran nach dem Tod seines alten Vaters verließ, hoffte er sehr, bald einen zu bekommen. Gott hatte zu ihm gesprochen und ihm eine ganze Nation von Söhnen versprochen – zumindest meinte Abram das. Aber zehn Jahre vergingen, und er hatte immer noch keinen Sohn. Sarai, seine Frau, war unfruchtbar. Zumindest eine Zeit lang mag Abram gedacht haben, daß Gottes Verheißung von einer großen Nation durch seinen Neffen Lot erfüllt werden würde. Aber auch diese Hoffnung wurde zerschlagen. Lot hatte nur Töchter, und da sie eine Zeit lang in Sodom gelebt hatten, waren sie ziemlich verdorben. Von dieser Seite konnte keine Hoffnung kommen. Vielleicht würde sein oberster Knecht, Elieser von Damaskus, sein Erbe werden. Wenn das so sein sollte, dann wäre das auch in Ordnung; aber es wäre eine bittere Enttäuschung für Abram. Er wollte einen Sohn, einen echten Erben.

Das war ein ganz natürliches Verlangen. Fast jeder Mann möchte zumindest einen eigenen Sohn haben. Er möchte seine Gesichtszüge auf der Erde zurücklassen, wenn er gegangen ist. Er möchte einen Sohn, dem er alle Weisheit und allen Besitz, den er im Laufe der Jahre erworben hat, weitergeben kann.

Abram war traurig, und eines Tages beklagte er sich beim Herrn. Gott hatte ihm gerade das größte Geschenk versprochen, das man sich vorstellen kann. Gott hatte sich selbst angeboten. »Ich bin . . . dein . . . Lohn« (1. Mose 15, 1), hatte er gesagt. Gott hatte Abram versprochen, sein Freund zu sein. Das hätte jedem genügen müssen. Aber Abram schien nur an eins denken zu können. »Siehe, mir hast du keinen Nachkommen gegeben«, wandte er ein, »und siehe, der Sohn meines Hauses wird mich beerben« (1. Mose 15, 3).

Er hätte sich nicht zu sorgen brauchen. Gott wußte, daß er einen

Sohn haben wollte, und Gott plante auch, ihm zur rechten Zeit einen Sohn zu schenken. Der Herr wußte besser als Abram, daß ein Mann eigene Söhne als Erben braucht. Damals erkannte Abram wahrscheinlich nicht, daß man eines Tages in seiner kleinen Unterredung mit Gott eine Wahrheit sehen würde, die später sehr große Bedeutung haben sollte, nämlich, daß in der Bibel Sohnschaft und das Recht zu erben eng miteinander verbunden sind. Paulus schrieb darüber seinen Brüdern in Rom: »Der Geist selbst zeugt mit unserem Geist, daß wir Kinder Gottes sind. Wenn aber Kinder, so auch Erben, Erben Gottes und Miterben Christi« (Römer 8, 16–17). Gott wußte die ganze Zeit, daß nur echte Söhne Erben sein können. Es tut gut zu wissen, daß wir als begnadigte Sünder wirklich Söhne Gottes genannt werden können. »Wie viele ihn (Jesus) aber aufnahmen«, sagt die Bibel, »denen gab er das Recht, Kinder Gottes zu werden, denen, die an seinen Namen glauben« (Johannes 1, 12). Paulus erklärte, daß Gott uns Christen »vorherbestimmt« ja »zur Sohnschaft durch Jesus Christus für sich selbst« (Epheser 1, 5). Und weiter im selben Abschnitt, daß wir als Söhne Gottes auch ein Erbteil erlangt haben« (Vers 11).

Als Antwort auf Abrams Gebet führte Gott ihn ins Freie und sagte: »Blicke doch zum Himmel und zähle die Sterne, wenn du sie zählen kannst!« (1. Mose 15, 5). Abram schaute hinauf. Es war eine klare Nacht, und der Mond stand tief. Die Sterne leuchteten in all ihrer Kraft. Aber selbst ohne Teleskop konnte Abram weitaus mehr Sterne sehen, als er zählen konnte.

»Herr«, meinte deshalb Abram, »du weißt, daß ich die Sterne nicht zählen kann!« Dann sagte Gott: »So sollen deine Nachkommen sein. Sind die Sterne unzählbar? Gibt es Millionen, ja sogar Billionen Sterne? So viele, daß sie niemand zählen kann? Genauso viele Nachkommen wirst du haben.«

Fantastisch! Und während er so neben seinem Zelt stand – ein einsamer, alter Mann, der gar keine Söhne hatte, nicht einmal einen einzigen – glaubte Abram Gott. Im tiefsten Grunde seines Herzens wußte er, daß Gott nicht lügen kann.

Er wußte, daß der Herr, der höchste Gott, der Himmel und Erde geschaffen hatte, alles tun konnte, was er wollte. Gott ist nicht ein Stern oder ein Planet. Er ist unendlich viel größer als die Dinge, die

er geschaffen hat, so, wie ein Maler größer ist als sein Bild, und ein Bildhauer größer ist als seine Statue. Gott ist größer als alles; nichts ist unmöglich für ihn. Deshalb glaubte Abram Gott.
Er glaubte Gott sein ganzes Leben lang. Es sollten noch etwa fünfzehn Jahre bis zur Geburt Isaaks, des verheißenen Sohnes vergehen. Aber nie wankte Abrams Glaube. Er sah seinen ausgelaugten alten Körper an und gab zu, daß er so gut wie tot war (Römer 4, 19). »Sarai ist auch alt«, dachte er. Aber das brach seinen Glauben nicht. Abram hatte sein Vertrauen auf den Herrn, den lebendigen Gott, den Schöpfer von Himmel und Erde, gesetzt. Abram glaubte, daß dieser Herr, die Toten lebendig machen und das Nichtseiende rufen könne, »wie wenn es da wäre« (Römer 4, 17). Als er darüber nachdachte, wurde Abram »gestärkt im Glauben, weil er Gott die Ehre gab«. Der Apostel Paulus erklärt dies so: »Er war voller Gewißheit, daß Gott, was er verheißen habe, auch zu tun vermöge« (Römer 4, 20–21). Glaubst du das für dich auch?

Kapitel 12

Gerecht gemacht

Abram mag es damals nicht gewußt haben, aber als er in jener sternenerleuchteten Nacht glaubte, was Gott ihm sagte, geschah etwas. »Und er glaubte Jehova«, sagt die Bibel, und fügt dann hinzu: »und er rechnete es ihm zur Gerechtigkeit« (1. Mose 15, 6). Abrams Beitrag zu den Ereignissen des Abends war minimal: er glaubte »nur« Gott. Aber Gott reagierte auf den Glauben Abrams, indem er Abram Gerechtigkeit verlieh. Die Bibel sagt: »Abram aber glaubte Gott, und es wurde ihm zur Gerechtigkeit gerechnet« (Römer 4, 3). Was bedeutet das?

Nun, es ist wahrscheinlich leichter zu erklären, was es nicht bedeutet. Es heißt nicht, daß sich Abram durch eine lobenswerte Handlung Gerechtigkeit erwarb. Als Mensch war er in keiner Weise gerechter als irgendein anderer. Die Bibel sagt, daß niemand eine persönliche Gerechtigkeit besitzt, die Gott beeindruckt. Sie sagt sogar das Gegenteil: »Da ist kein Gerechter, auch nicht einer« (Römer 3, 10). Das ist Gottes Urteil. Wenn sich Menschen aneinander messen, sind einige tatsächlich gerecht, andere sind ungerecht, wie zum Beispiel Diebe, Lügner, Mörder und verschiedene Arten von Gaunern. Aber Gottes Maßstäben entspricht niemand; gemessen an seinem Maßstab von Vollkommenheit ist selbst der Beste von uns ungerecht.

Was bedeutet es dann, wenn die Bibel sagt: »Abram aber glaubte Gott, und es wurde ihm zur Gerechtigkeit gerechnet«? Der Apostel Paulus erklärt, daß die Gerechtigkeit, um die es geht, Gottes Gerechtigkeit ist, und nicht die eines Menschen. Sie wird nicht verdient. Bei Gott kann sich niemand Punkte verdienen. Diese Gerechtigkeit wird übertragen; sie ist ein Geschenk, das einem auf der Basis des Glaubens gewährt wird.

Können wir das genauer erklären? Einfacher gesagt ist Gerechtigkeit die rechte Beziehung zu Gott. Der Apostel Jakobus verstand das vollkommen, als er sagte, daß es Abraham »zur Gerechtigkeit gerechnet« wurde, als er Gott glaubte (Jakobus 2, 23; vergleiche Jesaja 41, 8). Ist diese richtige Beziehung nicht erstaunlich einfach zu erlangen? Abram trug nichts dazu bei, außer, daß er Gott glaubte. Seine Hände waren leer. William Temple schrieb dazu in seinem Kommentar zum Neuen Testament: »Das einzige, was mir gehört und was ich zu meiner Errettung beisteuern kann, ist die Sünde, von der ich erlöst werden muß.«

Es stellt sich die Frage, ob sich dieser Akt des Glaubens an Gott in irgendeiner Weise von Abrams früheren Erfahrungen unterschied. Schließlich war Abram schon jahrelang gläubig gewesen. Damals in Ur in Chaldäa hatte er Gott geglaubt und auf seinen Ruf reagiert. Auch dieser Akt des Glaubens hatte enorme Anforderungen an ihn gestellt. Er bedeutete einen völligen Bruch mit seiner Familie und seinem Vaterland. Was war denn jetzt so bemerkenswertes an seinem Glauben an Gott? Warum sollte ihn Gott jetzt ehren? Warum hatte er es nicht schon früher getan?

Die Antwort darauf ist, daß wir nicht genau wissen, wie Abram zu Gott stand, bevor er der klaren Verheißung eines Sohnes glaubte. Soweit wir das beurteilen können, mag er schon jahrelang ein gerechter Mann gewesen sein. Aber eins ist klar: Der Heilige Geist, der die Federn derer, die die Bibel schrieben, führte, stellte dieses Ereignis als die Gelegenheit heraus, bei der Gott bereit war, Abrams Glauben anzuerkennen und ihm zur Gerechtigkeit anzurechnen. Natürlich fragen wir uns, warum.

Die Erklärung ist nicht schwer zu finden. Bei dieser Gelegenheit war Abrams Glaube nicht nur Glaube an Gott; es war Glaube an die Verheißung eines Samens. In einigen Bibeln wird hier das hebräische Wort für Same mit »Nachkommen« übersetzt. Aber der Apostel Paulus bestreitet, daß das richtig ist. Das Wort steht im Singular, und nicht im Plural. Und das hat einen guten Grund. Es ist ein Beispiel für die Präzision der Schrift. Paulus erklärt es folgendermaßen: »Er spricht nicht: ›und seinen Nachkommen‹ von vielen, sondern von einem: ›und deinem Nachkommen‹, (und) der ist Christus« (Galater 3, 16).

Die Bedeutung dieser seltsamen Feststellung ist, daß Gott über die Verheißung eines Sohnes namens Isaak hinweg Christus sah. Seine

Verheißung war also unendlich viel größer, als sie es oberflächlich betrachtet zu sein schien. Aber Abram verstand dies. Er wußte, daß er einen Sohn haben würde, den er Isaak nennen würde. Aber er wußte auch, daß Gott durch Abrams Nachkommen den Christus in die Welt bringen würde.

Woher wissen wir das? Weil Jesus es sagte. »Abraham, euer Vater, frohlockte, daß er meinen Tag sehen sollte«, sagte Jesus den Juden, »und er sah (ihn) und freute sich« (Johannes 8, 56). Das ist es, was Abram sah, und das ist es, was er glaubte. Deshalb rechnete Gott es ihm als Gerechtigkeit an.

Das sind gute Nachrichten, oder? Warum? Weil dies, wie Paulus schrieb, auch für uns geschrieben wurde: »Es ist aber nicht allein seinetwegen geschrieben, daß es ihm zugerechnet worden ist, sondern auch unsertwegen, denen es zugerechnet werden soll, die wir an den glauben, der Jesus, unsern Herrn, aus den Toten auferweckt hat, der unserer Übertretung wegen dahingegeben und unserer Rechtfertigung wegen auferweckt worden ist« (Römer 4, 23–25).

Haben wir Abram in seinem Glauben an Gott nachgeahmt? Abram hatte nicht nur irgendeinen vagen »Glauben an Gott«; es hat in seinem Leben einen ganz bestimmten Zeitpunkt gegeben, an dem er Gottes Verheißung geglaubt hat. Hat es in deinem Leben eine eindeutige Handlung des Glaubens gegeben?

Kapitel 13

Eine Vorschau auf die Verheißung

Als Abram Gott um ein Zeichen bat – es war das erste und einzige Mal, daß er dies tat – bekam er mehr, als er wollte. Er bekam eine Vorschau auf die Leiden und Freuden seiner Nachkommen, und es wurde ihm gesagt, wann er sterben sollte. Abram wünschte sich wahrscheinlich noch bevor alles vorbei war, daß es nie angefangen hätte, denn es geschah in einer Nacht des Schreckens. Dennoch hätte er nicht darauf verzichten wollen.

Das ganze hatte am vorhergehenden Tag begonnen, als Gott Abram sagte, er solle hinausgehen und versuchen, die Sterne zu zählen. Abram hatte aufgegeben, bevor er überhaupt angefangen hatte. Wer kann die Sterne zählen? Dann hatte Gott gesagt, daß er so viele Nachkommen haben würde. Unmöglich! Dennoch hatte Abram Gott in jener Nacht geglaubt, und er hörte nie auf zu glauben. Ja, er wurde sogar stark im Glauben, wie der Apostel Paulus sagt. Je länger er darüber nachdachte, desto mehr wuchs seine Überzeugung, daß Gott das, was er versprochen hatte, auch ausführen könne (Römer 4, 20–21).

Dennoch – nachdem er darüber nachgedacht hatte, betete Abram: »Herr, Jehova, woran soll ich erkennen, daß ich es besitzen werde?« (1. Mose 15, 8). Wie Gideon oder die Jungfrau Maria bat er Gott um ein Zeichen zur Bestätigung seines Glaubens. Der Herr willigte ein, ihm ein Zeichen zu geben. Es war ein Zeichen, das Abram verstand, da der Herr vorhatte, sich eines Brauchs zu bedienen, der in jener Zeit manchmal benutzt wurde, um wichtige Verträge zu bekräftigen. Er befahl Abram, eine Kuh, eine Ziege und einen Widder sowie eine Turteltaube und eine andere junge Taube zu töten. Abram willigte ein und tötete sie. Dann sägte er die Tiere in zwei Teile, indem er sie vom Kopf bis zum Schwanz in der Mitte durchteilte, und legte die Hälften in zwei Reihen auf die Erde, wobei er in der Mitte einen Gang ließ. Fliegen landeten auf den

Kadavern, und der Boden unter den Hälften war mit Blut bedeckt. Raubvögel kreisten in der Luft, aber wenn sie herabstießen, um die toten Tiere zu fressen, verjagte Abram sie.
Als die Sonne unterging, fiel Abram in einen tiefen Schlaf, so tief, wie Adams Schlaf, als Gott ihn betäubte, um ihm eine Rippe zu nehmen.
Aber wie ein Mann, der träumt, sah er Dinge. Dann packte ihn eine schreckliche Angst, ein Grauen, das in der tiefen Finsternis lag, die ihn wie ein dichter Nebel umgab. Es war sehr dunkel, und Abram hatte Angst.
Dann hörte er eine Stimme und erkannte sie. Der Herr sprach zu ihm. Abram vergaß nie, was Gott in jener Nacht sagte, denn es erklärte den scheinbaren Widerspruch zwischen den Verheißungen Gottes über das Verheißene Land und den Tatsachen, die Abram jeden Tag vor Augen hatte.
Gott erklärte Abram, daß es seine Nachkommen im Verheißenen Land nicht leicht haben würden. Anders als die Kinder irgendeines reichen Nabob würden sie das Land nicht erben, ohne dafür zu arbeiten. Stattdessen wären sie dazu bestimmt, viel zu leiden, bevor sie das Land einnahmen. Er, Abram, würde ein gutes, hohes Alter erreichen und in Frieden sterben. Nicht lange nach seinem Tod würden seine Nachkommen nach Ägypten reisen, um Nahrungsmittel zu bekommen, sich dort niederlassen und mit der Zeit Sklaven werden. Es würden mehr als 400 Jahre vergehen, bevor sie das Joch der Sklaverei zerbrechen und aus Ägypten herausströmen würden – eine Ansammlung freier Menschen, die schwerfällig durch die Wüste zum Verheißenen Land ihrer Väter Abraham und Isaak gehen würden. Aber selbst in der Wüste sollten sie Trauer und Tod erleben.
Abram saß still da. Plötzlich bewegten sich ein rauchender Ofen und eine Feuerflamme auf dem Weg zwischen den Hälften der geschlachteten Tiere vorwärts. Abram wußte, was das bedeutete. Gott verpflichtete sich, sein Versprechen zu halten. Bei den Völkern früherer Zeiten handelten Personen, die einen Vertrag miteinander abschlossen, genau auf diese Weise; sie gingen zwischen den Stücken der toten Tiere hindurch, um Ehrlichkeit zu geloben und das Schicksal der Tiere auf sich herabzurufen, falls sie ihr Gelöbnis

brechen sollten. Deshalb wußte Abram, daß Gott nicht nur versprochen hatte, ihm das Verheißene Land zu geben, sondern daß er dies Versprechen mit einem bindenden Vertrag bekräftigt hatte, als sich das Feuer und das Licht, Symbole der Person Gottes, zwischen den Tierhälften hindurchbewegten.

Wir Christen brauchen keine Bestätigung dieser Art. Wir haben etwas Besseres. Wir wissen, daß wir uns auf Gott verlassen können, weil er seinen Sohn, Jesus, vom Tod auferweckte. Die Auferstehung Christi garantiert unter anderem unsere eigene Auferstehung. Er hat uns auch den Heiligen Geist gegeben, das Unterpfand für unser Erbe (2. Korinther 1, 21–22; Epheser 1, 13–14). So wie Abrams Nachkommen mögen wir uns manchmal fühlen, als ob wir in einem fremden Land leben. Aber der Heilige Geist in uns garantiert uns, daß wir eines Tages unser ewiges Heim im Himmel erreichen werden.

Abram dachte ohne Schrecken an die Zukunft seiner Nachkommen. Er kannte Gott. Er wußte, daß Gott alles tun kann, sogar Menschen vom Tod auferwecken. Daher hatte er innerlich Frieden. Aber wenn er gewußt hätte, was der Apostel Paulus in seinem Schreiben so deutlich macht, hätte er sich noch besser gefühlt, als er es ohnehin schon tat. Paulus sagte, »daß wir durch viele Trübsale in das Reich Gottes eingehen müssen« (Apostelgeschichte 14, 22). Er sagte außerdem: »Der Geist selbst zeugt mit unserem Geist, daß wir Kinder Gottes sind. Wenn aber Kinder, so auch Erben, Erben Gottes und Miterben Christi, wenn wir wirklich mitleiden, damit wir auch mitverherrlicht werden« (Römer 8, 16–17).

Niemand denkt gern an Leiden. Aber durch zwei Überlegungen wird der Gedanke zumindest erträglich gemacht. Erstens, das Leiden ist gar nichts im Vergleich zu der Freude, die später kommt. Paulus selbst sagte: »Denn ich halte dafür, daß die Leiden der jetzigen Zeit nicht wert sind, verglichen zu werden mit der zukünftigen Herrlichkeit, die an uns geoffenbart werden soll (Römer 8, 18). Die Leiden werden bald vorüber sein. Aber danach beginnt die Herrlichkeit, die nie mehr aufhören wird.

Es gibt noch eine andere Überlegung: Christen, die leiden, sind nie allein. Wir leiden nicht in der Isolierung, allein und voll Furcht. Ein Heiliger, der vor langer Zeit lebte, sagte: »Auch wenn ich wandere im Tal des Todesschattens, fürchte ich kein Unheil, denn du bist bei mir; dein Stecken und dein Stab, *sie* trösten mich« (Psalm 23, 4). Paulus sagte dasselbe auf eine weniger poetische, aber vielleicht eindringlichere Weise. »Wer wird uns scheiden von der Liebe Christi?«, fragte er. Es war eine rhetorische Frage, denn das kann nie geschehen. »Drangsal oder Angst oder Verfolgung oder Hungersnot oder Blöße oder Gefahr oder Schwert?« Nein, keins von diesen Dingen. Deshalb sagte Paulus, er sei überzeugt, daß uns auch in Leiden nichts von unserem Begleiter trennen könne. »Denn ich bin überzeugt«, sagte er, »daß weder Tod noch Leben, weder Engel noch Fürstentümer, weder Gegenwärtiges noch Zukünftiges, noch Gewalten, weder Höhe noch Tiefe, noch irgendein anderes Geschöpf uns scheiden können von der Liebe Gottes, die in Christus Jesus ist, unserem Herrn« (Römer 8, 38–39).

Kapitel 14

Treib Gott nicht an!

Franz Kafka, der sagte, es gäbe zwei Hauptsünden, aus denen alle anderen entspringen – Ungeduld und Faulheit – war vermutlich kein Bibelkenner. Wenn er es gewesen wäre, hätte er nicht solch eine törichte Erklärung über den Ursprung der Sünde gegeben.

Dennoch gibt es in der Bibel eindeutige Beweise dafür, daß Ungeduld auf jeden Fall mehr als einen Gläubigen in Sünde geführt hat. Abram ist dafür ein gutes Beispiel. Es gibt keinen Zweifel darüber, daß er Gott von ganzem Herzen vertraute. Trotzdem brachten ihn die endlos scheinenden Verzögerungen in der Erfüllung von Gottes Verheißungen dazu, etwas Dummes zu tun. Statt geduldig darauf zu warten, daß der Herr ihm einen Sohn gab, wie er es versprochen hatte, beschloß er, die Sache selbst in die Hand zu nehmen. Er wollte mit allen Mitteln einen Sohn haben.

Später bereute Abram seine Ungeduld, aber damals war sein Handeln verständlich. Schließlich waren schon zehn Jahre vergangen, seit Gott ihm zum ersten Mal den Sohn versprochen hatte.

Abram wurde immer älter, und er konnte nicht ewig warten. Als Gott seine Verheißung bekräftigte und in einer unvergeßlichen Zeremonie einen Eid darauf leistete, spitzte sich die Lage zu. Abram glaubte Gott; ja, sein Glaube war zu dem Zeitpunkt stärker, als zu irgendeiner früheren Zeit seines Lebens. Aber je größer sein Glaube, desto größer war auch seine Frustration. Er wollte seinen Sohn jetzt haben.

Seine Frau Sarai dachte genauso darüber. Für sie bedeutete ihre Kinderlosigkeit eine ständige Schande, so, als ob Unfruchtbarkeit eine schändliche persönliche Unzulänglichkeit anzeigte. Ihr Herz war voll Trauer. Aber was konnte sie dagegen unternehmen? Nichts. Es gab nichts, was sie tun konnte.

Dann erinnerte sie sich an ihre persönliche Dienerin, ein Mädchen, das ihr gehörte. Als Hagars Besitzerin konnte Sarai sie benutzen,

wie sie wollte, sogar bis zu dem Grade, daß sie sie Abram als zweite, jüngere Frau übergab. Weiterhin konnte Sarai die Kinder für sich beanspruchen. So lautete offensichtlich das Gesetz des Landes. Später wurde es von Rahel, Jakobs Frau ebenso angewandt.
Aber wie Sarai noch erfahren sollte, war es ein schlechter Ersatz für Mutterschaft, Kinder durch den Leib einer anderen zu erhalten. Beide, die Ersatzmutter und das Kind, das sie zur Welt brachte, wurden zu einer nie versiegenden Quelle der Bitterkeit in ihrem Leben. Genau wie Adam, der auf die Stimme Evas gehört hatte, hörte Abram auf Sarai und stimmte ihrem Vorschlag zu. Er hätte es besser wissen sollen. Wie die Ereignisse später zeigten, war es das unverantwortlichste und verhängnisvollste, was er je tat. Er lernte durch Leid, daß der Gott, der verheißt, auch plant, und daß seine Pläne die besten sind, selbst wenn man lange Zeit warten muß, bis man ihre Erfüllung sieht.
Nun ist es wichtig, sich ins Gedächtnis zu rufen, daß dies kein Nachlassen seines Glaubens war. Abram vertraute Gott, und er wußte, daß Gott seine Verheißung erfüllen würde. Aber Abram dachte, daß Gott ein wenig Hilfe brauche; er benötige zu viel Zeit, um einen Sohn zu schicken. Vielleicht wäre Sarai das Problem; vielleicht wollte Gott, daß Abram sich eine jüngere Frau nähme.
Nun, da war Hagar, das Mädchen, das sie in Ägypten gekauft hatten. Sie war gesund und stark, und weil sie ihnen gehörte, konnte sie keine Einwände gegen die Regelung vorbringen.
Abram dachte alles genau durch, und noch ehe er mit Nachdenken fertig war, hatte er so viele gute Gründe für dies Vorhaben gefunden, daß er es für Gottes Willen hielt, Hagar zu nehmen. Gott hatte dies schon die ganze Zeit vorgehabt – so meinte er – und wenn er den Willen Gottes nur begriffen hätte, hätte er schon vor Jahren einen Sohn haben können.
Natürlich hatte er damit nicht recht. Obwohl sie wie selbstverständlich akzeptiert wurde und weit verbreitet war, war Polygamie damals genauso falsch wie heute. Aber in gewisser Weise stand die Moral dieses Arrangements gar nicht zur Debatte. Der versprochene Sohn sollte ein Kind der Verheißung sein, was bedeutete, daß seine Geburt von einer Handlung Gottes abhängig sein sollte. Hagar war nur eine von Scharen kräftiger Mädchen in Abrams

Haushalt. Von jeder hätte Abram einen Sohn haben können. Aber irgendein Kind war nicht genug; es hätte nicht als ein frühzeitiger Typus für Christus dienen können. Die alte Sarai war genauso unfähig, einen Sohn zu gebären, wie eine Jungfrau namens Maria; aber beide bekamen durch einen Akt Gottes Söhne.

Abram und auch Sarai hätten auf Gottes Handeln warten sollen. Er hat seine Pläne, und er folgt seinem eigenen Zeitplan. Paulus schrieb dementsprechend: »Als aber die Fülle der Zeit kam, sandte Gott seinen Sohn, geboren von einem Weib« (Galater 4, 4). An einer anderen Stelle sagt er: »Denn Christus ist, als wir noch kraftlos waren, zur bestimmten Zeit für Gottlose gestorben« (Römer 5, 6). Ja, Gott weiß, was er tut, und er weiß, wann er es tut.

Warten gehört mit dazu. Vertrauen in Gott schließt notwendigerweise Warten mit ein. Wozu brauchte man den Glauben sonst? Wenn alle unsere Gebete sofort beantwortet würden, wäre es nicht notwendig, Gott zu vertrauen oder sogar zu warten, um zu sehen, ob wir in der richtigen Weise gebetet hatten. Wir würden uns die Antworten auf unsere Bitten einfach an der »Warenausgabe« abholen, oder sie vielleicht vorher noch in Geschenkpapier einpakken lassen.

Aber das ist eine schlechte Art, sich Gott vorzustellen. Es macht ihn zu einer Art himmlischem Kassierer, der unsere grünen Marken einkassiert und uns die Waren, die wir in unserem geistigen Katalog ausgesucht haben, über den Ladentisch reicht. Jeremia wußte besser Bescheid. Er sagte: »Gütig ist Jehova gegen die, welche auf ihn harren« (Klagelieder 3, 25).

Die meisten Menschen lernen aus ihren eigenen Fehlern und nicht aus denen anderer Leute. Aber wo auch immer David gelernt haben mag, er lernte gut. »Lehre mich, HERR, deinen Weg.«, betete er (Psalm 27, 11). Dann beschrieb er eine brenzlige Situation, in der die Hoffnung auf Gott das einzige war, was ihn noch aufrecht hielt. David erzählte seinen Freunden von diesem Erlebnis. Welchen Rat gab er ihnen? »Harre auf den HERRN! Sei mutig, und dein Herz sei stark, und harre auf den HERRN! (Psalm 27, 14).

Kapitel 15

Die Frucht des Unglaubens

Sarais Versuch, ihre Magd Hagar zu benutzen, endete im Leid. Hagar empfing und brachte nach 9 Monaten einen Sohn zur Welt – Abrams Sohn. Soweit lief alles nach Plan. Abram liebte seinen Sohn und nannte ihn Ismael, was bedeutet: »Gott wird hören«. Abram hatte natürlich nicht Recht. Er meinte, daß Ismael Gottes Geschenk für ihn sei, als Erfüllung des himmlischen Versprechens, ihm einen Sohn zu geben. Aber Ismael war nicht im geringsten ein Geschenk Gottes. In der Tat, es stellte sich heraus, daß er eher eine Heimsuchung war, als ein Geschenk.

Der ganze Vorfall hebt wichtige Grundsätze über das Handeln Gottes mit den Menschen hervor. Eine wichtige Erkenntnis ist, daß Gott es zuläßt, daß die, die wir als Werkzeuge unserer Sünde gebraucht haben, Werkzeuge unserer Bestrafung werden. Sarai hatte Hagar als Teil eines Plans benutzt, der Gott antreiben sollte. Ihre Absichten mögen in Ordnung gewesen sein, aber Sarais Plan wurde aus Unglauben geboren. Sie hatte damals nicht geglaubt, daß Gott sie dazu befähigen könne oder wolle, einen Sohn, den verheißenen Sohn, zu empfangen und zu gebären, so, wie er es gesagt hatte.

Ihr Plan war gelungen; Hagar hatte empfangen. Aber schon bevor sie das Kind geboren hatte, war sie zu einer Qual für Sarai geworden. Fast fünfzehn Jahre lang sollten Hagar und ihr Sohn Ismael eine schmerzende Stelle sein, gegen die sich Sarai nicht wehren konnte. Schließlich überredete sie Abram, sie auszustoßen, und soweit wir wissen, sah sie sie nie wieder. Aber damit war die Angelegenheit nicht erledigt. Ismaels Nachkommen, die allgemein Araber genannt werden, sind für die Juden, die Nachkommen von Sarais Sohn Isaak, eine ständige Quelle des Leids gewesen. Ein Geschlechtsregister in 1. Mose 36 gibt die Namen von jenen Großkindern Ismaels an, welche ihm seine Tochter Basemat, die

Esau heiratete, gebar – es sind alles Stammesfürsten der Edomiter. Ihre Geschichte besteht aus unaufhörlicher Feindschaft gegenüber Israel, das heißt, den Nachkommen Abrams und Sarais. Eine zweite wichtige Erkenntnis lautet also, daß ein Akt der Sünde eine endlose Kettenreaktion von Konsequenzen zur Folge haben kann.

Die Bibel spricht von diesen Prinzipien in Sinne von säen und ernten. Salomo sagt, daß der Mann, der Unrecht sät, Unglück erntet (Sprüche 22, 8). Er meinte damit, daß man erntet, was man sät. Hosea klagt, daß Israel zwar Wind gesät, aber Sturm geerntet habe. Er meinte damit, daß man nicht nur erntet, was man sät, sondern man bekommt mehr als man erwartet hat. Das Wesentliche dabei ist, daß das, was man bekommt, schlecht ist – außer, natürlich, wenn man Gerechtigkeit sät.

Sarais Fall ist ein Beispiel für diese Wahrheiten. Ihr war vergeben worden, das ist klar. Sie bekam sogar solch einen starken Glauben an die Verheißungen Gottes, daß sie empfing und Isaak zur Welt brachte, und ihr Name ist in die Liste der Glaubenshelden aufgenommen worden. Aber es gab keine Möglichkeit, wieder rückgängig zu machen, was sie getan hatte, indem sie Hagar in Abrams Zelt schickte. So lange sie lebte, trug sie die Folgen.

Sarai hätte nicht zugestimmt, wenn man ihr gesagt hätte, daß sie selbst die Ursache ihrer Schwierigkeiten war. Aber es war ihre Idee gewesen. Sie hatte Abram gebeten, Hagar als eine Art zweite Frau zu nehmen.

Natürlich, er hatte zugestimmt, und es war falsch, daß er das getan hatte. Aber die Idee stammte von Sarai. Und es war eine schlechte Idee.

Sarais zweite schlechte Idee war, zu leugnen, daß sie gesündigt hatte. Statt dessen bestand sie darauf, daß gegen sie gesündigt worden war! »Das Unrecht, das mir widerfährt«, beklagte sie sich (1. Mose 16, 5). Sie beschuldigte den armen alten Abram. Damit nicht genug. Sie rief sogar Gott selbst an, er solle prüfen, ob sie unschuldig sei und ob gegen sie gesündigt worden sei! Zu ihrem Glück beantwortete Gott ihr Gebet nicht.

Sarai war mit aller Wahrscheinlichkeit nicht mit Absicht unaufrichtig. Ihr Problem war Selbsttäuschung. Angesichts gegenteiliger

Beweise überzeugte sie sich selbst davon, daß sie unschuldig sei. Aber irgend jemand mußte für die Schwierigkeiten, in denen sie steckte, verantwortlich sein. Daher war der nächste Schritt wahrscheinlich unvermeidlich: sie beschuldigte ihren Ehemann.

Das kommt einem bekannt vor. Wir alle haben ein ähnliches Talent, die Schuld für die Schwierigkeiten, in die wir uns in unserem Leben bringen, anderen zuzuschieben. Manchmal beschuldigen wir sogar Gott. »Schließlich hat er uns ja gemacht«, sagen wir. »Es ist seine Schuld, daß ich so bin, wie ich bin.« Oder: »Er hat es mich tun lassen, obwohl ich es nicht wollte!« Ein großer Teil unserer Gedanken über unsere eigenen Taten besteht aus solchen Rechtfertigungen und Verdrehungen. Wir alle kennen diese Gedanken sehr gut, und sie haben alle das eine gemeinsam: sie sind verkehrt, vollkommen verkehrt. Wenn wir so reden, machen wir uns selbst etwas vor. Wir täuschen uns selbst.

David wußte, daß Gott sich nie täuschen läßt; er weiß Bescheid. Er besteht auch darauf, daß wir die Wahrheit über uns selbst kennen. »Siehe, du hast Lust an der Wahrheit im Innern, und im Verborgenen wirst du mich Weisheit lehren«, sagte David (Psalm 51, 8). Das ist wahr. Gott besteht darauf, daß wir in unserem Herzen ehrlich sind. Er möchte, daß wir Selbsterkenntnis haben. Das Problem dabei ist, daß wir solche Genies im Selbstbetrug sind, daß wir uns bis zum Ende unserer Tage weiter selbst betrügen, wenn wir nicht spezielle Hilfe bekommen. Deshalb betete David um Hilfe. »Erforsche mich, Gott«, betete er, »erforsche mich ... und erkenne mein Herz. Prüfe mich und erkenne meine Gedanken! Und sieh, ob ein Weg der Mühsal bei mir ist, und leite mich auf ewigem Weg!« (Psalm 139, 23–24). Nur Gott kann einem Menschen helfen, sich selbst zu finden und zu erkennen, wie er wirklich ist. Und nur Gott allein kann einen Menschen auf ewigem Wege leiten.

Kapitel 16

Aufgespürt!

Hagar war eine Sklavin, aber sie war stolz. Wenn sie überhaupt irgendwelche Rechte hatte, dann nur wenige. Als Sarai und Abram den Plan geschmiedet hatten, sie für Abram als Ersatzfrau zu nehmen, mußte sie sich unterordnen, ob sie wollte oder nicht. Aber ihr Inneres beugte sich nicht, und zu ihrem schon vorhandenen Stolz kam nun noch Verachtung für die arme alte Sarai, Abrams rechtmäßige, jedoch unfruchtbare Frau, hinzu.

Und doch zog Hagar den kürzeren. Sie hatte nie eine Chance gehabt. Eines Nachts schlich sie sich fort und eilte in die Wüste in Richtung Ägypten. Es war ein mühsamer Weg. Sie war allein und fühlte sich nicht gut. Aber kurz nach Sonnenaufgang fand sie eine Oase am Weg in den Süden, und hier ruhte sie sich aus. Sarai hatte sie bis zur Weißglut gereizt, und schließlich konnte sie nicht mehr. Und nun war sie hier, Meilen entfernt von jeder Siedlung, und ruhte an einem Brunnen, bevor sie weiterging. Das stolze ägyptische Mädchen befand sich in großer Not, ja, sie verzweifelte sogar.

Sie hätte nicht zu verzweifeln brauchen. Gott wachte die ganze Zeit über ihr. Im biblischen Bericht heißt es: »Und der Engel Jehovas fand sie«, als ob gesagt werden sollte, daß Gott sie gesucht hatte oder ihren Fußspuren durch die Wüste gefolgt war. Gott wußte natürlich die ganze Zeit, wo sie war, aber er möchte, daß wir wissen, daß er uns suchen würde, wenn er nicht wüßte, wo wir wären. So sehr kümmert er sich um uns Geschöpfe.

Es besteht kein allzu großer Zweifel über die Identität des Engels des Herrn. Er war, was die Theologen gern eine Theophanie, d. h. eine Selbstoffenbarung Gottes, nennen. Hagar wußte, wer er war. Sie nannte ihn »El Roi«, was bedeutet »Der Gott, der mich sieht« oder »der sich schauen läßt. Hagar vergaß dies Erlebnis nie, denn sie machte dabei die größte Entdeckung, die man überhaupt machen kann: sie wurde geliebt. In Abrams Zeltstadt war sie ein Ding, ein

Nichts – sicher manchmal ganz nützlich, aber dennoch ein Nichts, eine »Unperson«. In der Wüste erfuhr sie, daß Gott sie sah, sie hörte, mit ihr fühlte und einen Plan für ihr Leben hatte.
Dieses Erlebnis veränderte ihr Leben. Sie wurde ein neuer Mensch. Von diesem Zeitpunkt an wurde der Brunnen, an dem Hagar Gott sah, »Beer-lahai-roi« genannt, *»Brunnen, des Lebendigen, der mich sieht«*. Und Hagar fügte vielleicht hinzu: und der sich um mich sorgt.
Das erste, was der Engel des Herrn sagte, war ihr Name. »Hagar«, sagte er, »Magd Sarais« (Vers 8). Ja, er kannte sie, und er erinnerte sie daran, daß sie Sarais Hausmädchen war.
Dann stellte er ihr eine Frage, obwohl er die Antwort darauf schon kannte. Er fragte sie, weil sie die Antwort geben und auf diese Weise zur Selbsterkenntnis kommen sollte. »Woher kommst du«, fragte er sie, »und wohin gehst du?«
Hagar beantwortete die erste Frage ohne Umschweife und wahrheitsgemäß. »Ich fliehe hinweg von meiner Herrin Sarai«, erwiderte sie. Und während sie darüber nachdachte, begann sie zu erkennen, daß das Zusammenleben mit Sarai nicht nur schlecht gewesen war. Das Leben in Abrams Haushalt war, bis auf den einen Vorfall, der zu ihrer Flucht in die Wüste führte, schön gewesen, denn es war rein und gottesfürchtig. Selbst der Mißbrauch, der mit ihr getrieben worden war, war ein aufrichtiger, wenn auch fehlgeleiteter Versuch, Gott zu dienen. Hagar wußte, daß sie etwas Dummes und Falsches getan hatte, als sie das Haus eines so gerechten Mannes verlassen hatte. Es ist immer falsch, seine Pflichten liegenzulassen und sich davonzumachen.
Der Engel des Herrn sagte ihr, sie solle zu ihrer Herrin Sarai zurückkehren. Es war richtig, so zu handeln, egal, was es kostete. Hagar erfuhr, daß Gott ihr Gnade geben würde, sich unter Sarais Autorität zu fügen, und er würde ihr Kraft geben, der Geburt entgegenzusehen. Das wichtigste war, zu tun, was richtig war.
Die Fragen des Engels: »Woher kommst du?« und »Wohin gehst du?« deuteten an, daß es für sie einen richtigen und einen falschen Weg gab. Das gilt für jedes Leben. Das wichtigste dabei ist, zu wissen, wo wir stehen, und alles Nötige zu tun, um auf den richtigen Weg zu kommen.

Während sie darüber nachsann, traf Hagar die Entscheidung. Sie würde zu Sarai zurückkehren. Sarai war ungeduldig und leicht reizbar, aber im Grunde genommen eine gottesfürchtige Frau. Nie würde sie Hagars Seele zugrunde richten, Ägypten aber würde das tun. Ägypten würde Hagars Weg zur Hölle ebnen. Weil sie das wußte, tat sie Buße. Sie wünschte, sie hätte ihr Zuhause nie verlassen, und in ihrem Herzen dankte sie dem Engel des Herrn, daß er sie auf ihrer wilden Flucht zur Stadt der Zerstörung aufgehalten hatte.

Buße ist eins der bedeutendsten Worte unserer Sprache. Es bedeutet einfach »eine Änderung des Herzens«. In den meisten Fällen kommen Kummer und Trauer vor der Buße, oder sie begleiten sie sogar. Aber der Hauptgedanke ist nicht Trauer oder tiefe Reue, sondern der Entschluß zur Änderung. Man entscheidet sich, etwas *zu tun.* Hagar entschloß sich, zu Sarai zurückzukehren und tat es. Du entschließt dich, dem Evangelium zu glauben – und du tust es auch, wenn du wirklich bußfertig bist. Buße ist also etwas, was man *tut.* Es ist Umkehr zu Gott und Glaube an unseren Herrn Jesus Christus. Es ist das Ausführen von Taten im Einklang mit der neuen Gesinnung.

Ist das schwierig? Keineswegs! Jesus predigte Buße. »Tut Buße«, sagte er, »das Reich Gottes ist nahe gekommen« (siehe Markus 1, 15). Tut Buße, denn Gott bietet jetzt Rettung an. Tut Buße, denn Freude ist in die Welt gekommen. Der Gedanke der Buße ist nicht so sehr Trauer über Sünde als vielmehr unheimliche Erleichterung. Tut Buße – das heißt, daß Gott dir sagt, du sollst deine Haltung ändern und von vorn anfangen. Sünden und Fehler der Vergangenheit müssen dich nicht kaputt machen! Ändere deine Haltung sagt Gott; wende dich ab von der Straße zur Hölle. Das Reich Gottes ist nahe herbeigekommen!

Hagar wandte sich ab. Ich tat es auch, und unzählige Tausende in jeder Generation taten es ebenfalls. Wir haben in Gott Freude und einen Ausweg aus Gewissensbissen, der Alternative zur Welt der Buße, gefunden.

Kapitel 17

Wer trägt hier die Verantwortung?

Ismaels Geburt war nicht Gottes Idee, aber das heißt nicht, daß er nicht hätte geboren werden sollen. Wenn es bei dieser Sache irgendeinen Fehler gibt, dann ist es nicht die tatsächliche Geburt des Kindes, sondern die Vereinigung der Eltern. Abrams Vereinigung mit Hagar war falsch, vollkommen falsch. Aber Ismaels Geburt war richtig.

Achtbare Leute bringen das oft durcheinander. Sie haben die Neigung, ein uneheliches Kind zu brandmarken, als ob das Kind irgendwie ungesetzlich wäre, eine »Unperson«, die kein Recht hat zu leben. Gott verurteilt diese Einstellung. Er stimmt auf keinen Fall unerlaubtem Sex zu; er haßt ihn. *Das* ist es, was Gott mit sehr ernsten Worten verurteilt – die Vereinigung von zwei Menschen, die kein Recht auf den Körper des anderen haben. Aber er verachtet nie das Kind, das aus solch einer Vereinigung entsteht. Die Vereinigung mag ungesetzlich gewesen sein; ihre Frucht ist es nicht. Statt sich empfindlich und ärgerlich abzuwenden, einen Mantel von Nebel um sich zu hüllen und sich in den Himmel zurückzuziehen, akzeptierte Gott Ismael. Mehr noch: er verhieß ihm eine großartige Zukunft.

Ismaels Name erinnert daran. Gott selbst, gab ihm diesen Namen. »Siehe, du bist schwanger und wirst einen Sohn gebären«, sagte er zu Hagar, »und du sollst ihm den Namen Ismael geben, denn Jehova hat auf dein Elend gehört« (1. Mose 16, 11). Der Name lautete Ismael. Das bedeutet »Gott hat erhört«.

Als Ismael zum Mannesalter heranwuchs, kannte er den Ursprung seines Namens. Er wußte, daß der Engel seine Mutter gefunden hatte, als sie in der Wüste weinte. Er wußte, daß Gott sie gehört hatte. Für den Rest seines Lebens erinnerte er sich daran, daß Gott sieht und hört, und daß er alle Niedergebeugten aufrichtet (siehe Psalm 145, 14). Ismael wurde ein bedeutender Mann; und seine

Nachkommen, die Nomaden der Wüste, werden sich eines Tages vor dem Herrn beugen (Psalm 72, 9).
In gewisser Weise übernimmt Gott für das Leben jedes Menschen, der je auf dieser Erde gelebt hat, die Verantwortung. Warum? Weil er, Gott, *letzten Endes* der wahre Ursprung alles Lebens ist. Der König David dachte an seine Geburt, als ob sie die Neuinszenierung der Erschaffung des Menschen sei. In Psalm 139, 13–16 sagt er:

> Denn du bildetest meine Nieren.
> Du wobst mich in meiner Mutter Leib.
> Ich preise dich darüber, daß ich auf eine erstaunliche,
> ausgezeichnete Weise gemacht bin.
> Wunderbar sind deine Werke,
> und meine Seele weiß es sehr wohl.
> Nicht verborgen war mein Gebein vor dir,
> als ich gemacht wurde im Verborgenen,
> gewoben in den Tiefen der Erde.
> Meine Urform sahen deine Augen.
> Und in dein Buch waren sie alle eingeschrieben,
> die Tage, die gebildet wurden,
> als noch keiner von ihnen (da war).

Kapitel 18

Keine Pensionierung

Abram war neunundneunzig Jahre alt, als Gott ihm zum fünften Mal erschien. Gott hatte ihm noch mehr zu sagen. Wenn Abram gedacht hätte, er würde jetzt von Gott in den Ruhestand versetzt, dann hatte er sich geirrt. Ganz im Gegenteil. Gott setzte ihm neue Maßstäbe und sagte ihm im wesentlichen, daß seine Arbeit gerade erst begann. »Wandle vor meinem Angesicht«, sprach Gott, »und sei vollkommen« (1. Mose 17, 1).

Ein gewaltiger Auftrag! Aber bevor er für seinen Freund dieses Maß setzte, offenbarte sich Gott ihm als der Allmächtige. Die logische Folgerung davon war, daß ihm alle Hilfsquellen des allmächtigen Gottes zur Verfügung standen. Und das würde selbst den von Gott geforderten, an sich unmöglichen Lebensstil ermöglichen.

Übrigens ist der Name, den Gott sich hier selbst gab, immer noch eine Quelle der Kraft und der Ermutigung. Im Urtext lautet der Name *El Shaddai*. El Shaddai, der Allvermögende; El Shaddai, der allmächtige Gott. Es war der Name, unter dem sich Gott den Patriarchen Abraham, Isaak und Jakob vorstellte (2. Mose 6, 3). El Shaddai ist der Name des allmächtigen Gottes, der sein Volk über alle Erwartungen hinaus segnen kann. Alles kann er tun.

Wir Christen bevorzugen einen anderen Namen Gottes. Der Herr Jesus lehrte uns, ihn Vater zu nennen. Wir sagen »Unser Vater im Himmel«. Dieser Name bezeugt eine Beziehung, die die größte Bedeutung für uns hat. Gott ist unser Vater; wir sind seine Kinder. Der Apostel Paulus schickte seinen Freunden gern Grüße im Namen des Vaters. »Gnade euch und Friede von Gott, unserem Vater«, schrieb er. Der Titel Gottes erinnert uns daran, daß er unser Vater ist, und er erinnert uns auch daran, daß wir untereinander Brüder sind.

Gern denken wir auch an seine Macht. Der Vater ist immer noch El-Shaddai: der allmächtige Gott. Paulus sagte den Christen in

Korinth: »Gott vermag auf euch überströmen zu lassen jede Gnade, damit ihr in allem allezeit volles Genüge habt und überströmt zu jedem guten Werk.« Das war eine Verheißung innerer Gnade. Gott konnte sie befähigen, über ihre instinktive Selbstsucht hinauszuwachsen und ihren Besitz an solche zu verteilen, die sich in größerer Not befanden. Nur El Shaddai kann solche Gnade schenken. Paulus schrieb auch an die Christen in Ephesus von Gott als dem, »der über alles hinaus zu tun vermag, über die Maßen mehr, als wir erbitten oder erdenken, gemäß der Kraft, die in uns wirkt« (Epheser 3, 20).

Bevor er auf diese Weise seinen Gott herausstellte, hatte Paulus Bitten ausgesprochen, die ganz sicher unmäßig waren. Er hatte gebetet, daß seine Freunde durch den Heiligen Geist am inneren Menschen gestärkt würden. Er hatte gebeten, daß sie die Liebe Christi erkennen möchten, und daß alle Gläubigen in ihrem ganzen Sein von Gott selbst erfüllt würden! Unglaublich! Wirklich unglaublich? Paulus war anderer Meinung. Er wußte, daß die Stärkung des inneren Menschen ein Werk des Heiligen Geistes Gottes ist. Christus wohnt in euren Herzen, wenn ihr wiedergeborene Menschen seid. Ist dann ein Gebet um geistliche Gnade wirklich zuviel? Auf keinen Fall! Gott kann »über die Maßen tun, mehr, als wir erbitten oder erdenken« sagt Paulus (Epheser 3, 20). Er kann alles tun. Er ist El-Shaddai, der allmächtige Gott!

Kapitel 19

Ein Faustpfand der Freiheit

Gott ist ein mitfühlender Realist. Dementsprechend paßt er sich oft den Schwächen seiner Geschöpfe an. Er nimmt die Leute so an, wie sie sind, und nicht so, wie sie sein sollten. Ismael war sicherlich nicht geplant; aber als Antwort auf die tiefe Not eines geängsteten Mädchens hatte Gott zugunsten Ismaels improvisiert. Er hatte Hagar versprochen, daß Ismael ein wilder Mann sein würde. In unseren Ohren klingt das nicht sehr schmeichelhaft; in ihren war es ein Faustpfand für Freiheit und Stärke. Hagar war eine Sklavin, aber ihr Sohn würde so frei sein, wie ein Wildesel Arabiens.

Hagar, die wußte, wie Wildesel sind, beruhigte sich wieder. Ihr besorgtes Herz kam zur Ruhe, und sie hatte Frieden. Sie wußte, daß Gott ihren Sohn segnen würde.

Abram, der Vater des Jungen, er war ein alter Mann, als Ismael geboren wurde, und er liebte ihn. Er war vernarrt in ihn und glaubte, daß dieser Sohn Gottes Antwort auf all seine Gebete war.

Dreizehn Jahre später erklärte ihm Gott, daß Ismael nicht der verheißene Sohn sei, und Hagar sei nicht die Mutter, durch die Gott Abram groß machen wolle. Gott sagte Abram, daß er der Vater einer Vielzahl von Nationen sein würde, und er änderte seinen Namen *von Abram zu Abraham*, »Vater vieler Völker«. Gott änderte auch Sarais Namen in Sara um und sagte, daß sie diejenige wäre, von der der verheißene Sohn geboren werden sollte.

Abraham war erstaunt. Aber er glaubte Gott und beugte sich in freudiger Anbetung zur Erde. Er war von einem Gefühl der Ehrfurcht vor der Macht Gottes erfüllt. Dann aber kam sofort die Frage in ihm auf: *»Was ist mit Ismael?«*. Er erhob seine Hände zum Gebet. »Möchte doch Ismael vor dir leben!«, betete er (1. Mose 17, 18). »Vergiß Ismael nicht! Töte ihn nicht!«

Abraham wußte, daß er gesündigt hatte, als er Hagar nahm, und

fürchtete nun, daß Gott das geliebte Kind dieser unrechten Vereinigung vergessen könnte. Er hätte sich nicht zu sorgen brauchen. Gott ist nicht ein Mensch, daß er hassen oder ein Kind schlagen würde, um die Eltern zu strafen. Er erinnerte Abraham an Ismaels Namen, den er, der Herr, ihm gegeben hatte, noch bevor Ismael geboren wurde. Der Engel des Herrn hatte Hagars Schluchzen gehört und ihr gesagt, daß sie einen Sohn haben würde. Jetzt hörte er Abrahams Bitte für Ismael und sagte: »Und um Ismael habe ich dich erhört: Siehe, ich habe ihn gesegnet« (1. Mose 17, 20).
Ismael war nicht der Erbe; diesen Segen hatte Gott für einen anderen reserviert. Aber Ismael war auch gesegnet. Gott vergaß ihn nicht. Er gab ihm Leben und die Chance, jemand Großes zu werden.

Kapitel 20

Engel

An einem Sommertag saß Abraham in der Tür seines Zeltes. Drinnen war Sara auf ihre Kissen gesunken und schlief fest. Es war heiß. Am Himmel zog ein Geier seine Kreise, aber auf der Erde rührte sich nichts. Mensch und Tier hielten Siesta.

Da wurde Abraham durch etwas aufgeschreckt. Er schaute auf und sah drei Männer ganz in der Nähe stehen. Für einen alten Mann bewegte sich Abraham recht schnell. Er eilte ihnen entgegen, und mit der ausgesuchten Höflichkeit des Orients sprach er sie an und lud sie ein, sich im Schatten seines Baumes auszuruhen. Sie nahmen die Einladung an.

Abraham weckte Sara und trug ihr auf, Brot zu backen. Niemand hatte damals einen Kühlschrank, und Fleisch konnte man nicht in Zellophan eingewickelt kaufen. Also holte Abraham aus der Herde, ein Kalb und befahl, es sofort zu schlachten. Inzwischen war das Brot schon im Ofen.

Wenn es im Neuen Testament nicht bestimmte Aussagen über Gastfreundschaft gäbe, würde es uns überraschen, daß der Heilige Geist so viel Platz opfert, nur um die Zubereitung einer Mahlzeit zu beschreiben. Nach der Bibel ist Gastfreundschaft nicht eine Sache der Höflichkeit; für einen Christen ist sie Pflicht. Die Bewirtung von Fremden ist Ausdruck für die Haltung eines Christen gegenüber seinen Mitmenschen, und zwar einer Haltung der Liebe und brüderlichen Freundlichkeit. Natürlich, nicht jeder ist gastfreundlich, aber jeder Christ sollte es sein. Es ist eine wesentliche qualitative Voraussetzung für den Dienst eines Ältesten in der Gemeinde. Ein Aufseher, schrieb Paulus, sollte »nicht schändlichem Gewinn nachgehend, sondern gastfrei« sein (Titus 1, 7–8). An einer anderen Stelle heißt es: »Sorgt für alle im Volk Gottes, die es nötig haben, und wetteifert in der Gastfreundschaft« (Römer 12, 13; Die Gute Nachricht).

Gastfreundschaft kann offensichtlich kostspielig sein. Fremde aßen Abrahams gemästetes Kalb, und es kann sein, daß Fremde das Stück Roastbeef essen, das wir uns gelegentlich leisten. Aber dennoch spricht das Wort Gottes sehr deutlich über unsere Verpflichtungen in dieser Sache. Wir müssen gastfreundlich sein. Gastfreundschaft ist nicht eine Sache, die wir mit verstecktem Ärger tun sollen. Gott liebt einen fröhlichen Geber (2. Korinther 9, 7). Und wir tun das auch! Die meisten von uns sind ziemlich feinfühlig in Bezug auf die Haltung eines Gastgebers. Wenn wir eine gewisse Zurückhaltung von seiner Seite spüren, dann würden wir eher auf einer Parkbank schlafen, als sein Bett zu zerknittern, und wir würden eher unseren Gürtel um ein Loch enger schnallen, als seine Mahlzeit zu essen.
Abraham war ein Beispiel für fröhliches Geben, das Gott liebt. Obwohl es in seinem Zeltlager von Dienern nur so wimmelte, tat er den größten Teil der Arbeit selbst. In seinen Augen war die Bewirtung von Gästen eine große Ehre, und sicher nicht eine lästige Pflicht, die man dem Personal überließ.
Ohne es zu wissen, bewirtete Abraham Engel (Hebräer 13, 1+2). Heutzutage mögen wir vielleicht noch etwas Besseres tun und es genausowenig ahnen, wie Abraham. In Matthäus 25 gibt es einige höchst bedeutsame Aussagen über das Erweisen von Gastfreundschaft gegenüber jenen, die wir für gewöhnlich ignorieren. »Mich hungerte«, wird der Herr eines Tages zu uns sagen, »und ihr gabt mir zu essen; mich dürstete, und ihr tränktet mich; ich war Fremdling, und ihr nahmt mich auf; nackt, und ihr bekleidetet mich; ich war krank, und ihr besuchtet mich; ich war im Gefängnis, und ihr kamt zu mir« (Matthäus 25, 35–36).
»Wann haben wir das alles getan?« werden sich dann einige fragen. »Und der König wird antworten . . .: Wahrlich, ich sage euch, wenn ihr es einem dieser meiner geringsten Brüder getan habt, habt ihr es mir getan« (Matthäus 25, 40).

Kapitel 21

Und das Wort wurde Fleisch . . .

Erst als die Mahlzeit beendet war, entdeckte Abraham, daß seine Gäste keine normalen Gäste sondern Gottes Boten waren. Selbst da entdeckte er es nicht selbst. Es wurde ihm offenbart. Zwei der Gäste waren Engel, aber der dritte war unendlich viel größer, als seine Begleiter; es war der Herr. Die Bibel berichtet davon, wie sich Gott in früheren Zeiten manchmal in menschlicher Gestalt offenbart hat. Er sah aus, wie ein Mensch, war aber keiner. Erst bei der Inkarnation, der Geburt Jesu, wurde Gott tatsächlich ganz Mensch.
Dennoch wurde etwas Ähnliches, wie die Menschwerdung in der früheren Zeit manchmal vorweggenommen (1. Mose 16, 7–13; 32, 24–30; Josua 5, 14; 6, 2; Richter 2, 1; 13, 3–22; Jesaja 6, 1; 63, 9). Anscheinend hat sich Gott schon immer nach seinen Geschöpfen gesehnt und nach Wegen gesucht, um sich ihnen zu offenbaren. Ohne seine Hilfe wüßten wir, wenn wir überhaupt irgend etwas wüßten, nur sehr wenig über ihn. Die Natur sagt etwas über Gott aus; sie zeigt uns, daß er schöpferisch, mächtig und höchst intelligent ist. Aber das ist auch so ungefähr alles. Unsere eigenen Nachforschungen tragen nichts zu unserem Wissen über Gott bei. Der Apostel Paulus sagte: »Denn weil ja in der Weisheit Gottes die Welt durch die Weisheit Gott nicht erkannte, hat es Gott wohlgefallen, durch die Torheit der Predigt die Glaubenden zu erretten« (1. Korinther 1, 21). Und Jesus sprach: »Und niemand erkennt den Sohn, als nur der Vater, noch erkennt jemand den Vater, als nur der Sohn, und wem der Sohn ihn offenbaren will« (Matthäus 11, 27).
In diesem kleinen Wort »offenbaren« liegt der Schlüssel, um Gott zu finden. Mose sagte diesbezüglich: »Das Verborgene ist Jehovas, unseres Gottes; aber das Geoffenbarte ist unser und unserer Kinder ewiglich, damit wir alle Worte dieses Gesetzes tun« (5. Mose 29, 29). »Das Geoffenbarte« gehört uns. Offenbart Gott irgend etwas über sich selbst?

Ganz sicher tut er das. Aber anstatt sparsam bruchstückhaft Informationen über sich selbst auszuteilen, offenbart er *sich selbst.* In feiner Weise erklärt das der Apostel Johannes: »Niemand hat Gott jemals gesehen; der eingeborene Sohn, der in des Vaters Schoß ist, der hat (ihn) kundgemacht« (Johannes 1, 18). Johannes sprach von Jesus. Er nannte ihn das Wort und sagte, daß das Wort Gott sei. Eine der größten Aussagen in der Bibel stammt von Johannes: »Das Wort wurde Fleisch und wohnte unter uns« (Johannes 1, 14). Dies beschreibt die Menschwerdung Gottes, und es bedeutet unter anderem, daß wir Gott kennenlernen können.

Aber wie? Die Jünger Jesu stellten ihm diese Frage. Einer von ihnen, sein Name war Philippus, bat ihn: »Herr, zeige uns den Vater, und es genügt uns« (Johannes 14, 8). Er verlangte eine Menge!

Aber Jesus hatte die Antwort: »So lange Zeit bin ich bei euch, und du hast mich nicht erkannt?« Dann sagte er die ungeheuren Worte: »Wer mich gesehen hat, hat den Vater gesehen« (Vers 9). Es gibt in der Bibel keine wichtigere Aussage, als diese. Wer Jesus gesehen hat, hat Gott gesehen.

Kapitel 22

Lach nicht zu früh!

Es kostete Abraham einiges, seine Gäste zu bewirten, aber er wurde reich dafür entschädigt. Allein die Unterhaltung hatte einen bedeutend höheren Wert, als die Lebensmittel, die er ihnen aufgetischt hatte. Abraham wurde Einblick in eine Wahrheit gewährt, die er nie vergessen sollte – nämlich, daß bei Gott nichts unmöglich ist – und ihm wurde der Zeitpunkt genannt, an dem sich die Verheißung Gottes über seinen Sohn erfüllen sollte. »Übers Jahr« wurde ihm gesagt (1. Mose 18, 10). Abraham und Sara hatten, wenn auch ihr Glaube manches Mal gewankt hatte, über ein viertel Jahrhundert auf diese Zeit gewartet. Jetzt bekamen sie ein Datum genannt. Sara war im Zelt geblieben, während Abraham seine Gäste unter der Eiche bewirtete. Aber sie konnte jedes Wort, das sie sagten, hören; und natürlich konnten die Männer Sara ebenfalls hören, und sie hörten, wie sie über das, was sie sagten, kicherte.

Wir können es ihr kaum verdenken. Schließlich war sie damals schon 90 Jahre alt, und selbst zu ihrer Zeit war 90 ein hohes Alter. Sara hatte nie ein Kind bekommen, selbst nicht, als sie noch jung und gesund war. Sollte sie jetzt, im Alter eines bekommen? Das war nicht sehr wahrscheinlich. Deshalb lachte Sara, und sie spottete laut: »Sollte ich auch wirklich gebären, da ich doch alt bin?« (1. Mose 18, 13).

Es war natürlich unhöflich von ihr zu lachen, aber wir sind froh, daß sie es tat. Andernfalls hätten wir eine der großartigsten Aussagen der Bibel verpaßt. Die Männer unter dem Baum hörten ihr schallendes Gelächter, und sie hörten, was sie sagte. Daher fragte der Herr Abraham: »Warum hat Sara denn gelacht?« Dann machte er eine erstaunliche Feststellung: »Ist für Jehova eine Sache zu wunderbar?« (Vers 14).

Es gibt zwei Gründe, weshalb die Aussage in Form einer Frage gemacht wurde. Erstens zwang es sowohl Abraham als auch Sara, sich zu fragen, wer ihr Gast war. War es der Herr? Zweitens prüfte es ihren Glauben an Gott. Konnte Gott wirklich alles tun? Ihre Antwort auf diese Frage veränderte ihr ganzes Leben.

Wie beantworteten Abraham und Sara die Frage? Sie glaubten Gott. An einer anderen Stelle in der Bibel steht, Abraham sah nicht »seinen eigenen, schon erstorbenen Leib an, da er fast hundert Jahre alt war, noch das Absterben des Mutterleibes der Sara und zweifelte nicht durch Unglauben an der Verheißung Gottes, sondern wurde gestärkt im Glauben, weil er Gott die Ehre gab« (Römer 4, 19–20). Was Sara betrifft, so sagt der Bericht folgendes: »Durch Glauben empfing er auch mit Sara Kraft, Nachkommenschaft zu zeugen, und zwar über die geeignete Zeit des Alters hinaus, weil er den für treu achtete, der die Verheißung gegeben hatte« (Hebräer 11, 11). Für Gott ist nichts unmöglich.

Beide, Abraham wie auch Sara, glaubten, daß Gott für sie ein Wunder tun konnte und wollte. Abraham »wurde gestärkt im Glauben«.

Nun, das ist seltsam. Schon vor Jahren hatte Gott Abraham gesagt, er solle versuchen, die Sterne zu zählen. »So viele Nachkommen wirst du haben« hatte Gott gesagt. Abraham hatte ihm damals auch geglaubt, und das wurde ihm als Gerechtigkeit angerechnet. Offensichtlich hatte Abraham bereits Glauben. Aber sein damaliger Glaube war im Vergleich zu seinem neuen Glauben schwach gewesen. Warum? Weil er seinem unvollkommenen Verständnis von Gottes Verheißung entsprochen hatte. Er hatte anscheinend geglaubt, daß Gott ihm auf natürliche Weise Kinder schenken würde. Er hatte Gott zwar geglaubt; aber weil er in der Blüte seiner Jahre stand, war es nicht nötig zu glauben, daß ein Wunder notwendig sein würde, um einen Sohn zu bekommen.

Was hat uns das zu sagen? Es sagt uns, daß man nur einen kleinen Glauben braucht, um Christ zu werden, aber einen großen Glauben, um als solcher zu leben. Der Glaube, der Abraham als Gerechtigkeit angerechnet wurde, was vergleichsweise schwach. Der Glaube, der es ihm ermöglichte, mit Gott zu leben, war weitaus stärker. Es sagt uns auch, daß Verzögerungen in der Beantwortung unserer Gebete möglicherweise keine wirklichen, sondern nur scheinbare Verzögerungen sind. Es kann sein, daß sie von Gott, der immer zur rechten Zeit handelt, geplant worden sind. Paulus schrieb nach einem sehr schweren Erlebnis: »Denn wir wollen euch nicht in Unkenntnis lassen, Brüder, ... daß wir sogar am Leben verzweifelten. Wir selbst aber hatten in uns selbst (schon) das Urteil des Todes erhalten, damit wir nicht auf uns selbst vertrauten, sondern auf Gott, der die Toten auferweckt« (2. Korinther 1, 8–9).

Kapitel 23

Der Himmel ist nicht schalldicht

Als Abrahams drei Gäste ihre Mahlzeit beendet hatten, erhoben sie sich zum Gehen.
»Wohin geht ihr?«, fragte Abraham.
Sie wiesen nach Norden, in Richtung auf den Jordan, bevor er in das Tote Meer fließt. Abraham kannte die Gegend und entschloß sich, sie einen Teil des Weges zu begleiten. Es war gut, daß er es tat, denn er erfuhr dabei mehr, als nur das Ziel ihres Weges. Er fand heraus, warum sie gekommen waren.
Während sie so auf der Straße nach Sodom gingen, sagte einer der drei, der Herr, zu den zwei Engeln: »Sollte ich vor Abraham verbergen, was ich tun will?« Es war eine rhetorische Frage, d. h. er erwartete keine Antwort darauf. Der Herr braucht weder einen Befehl noch eine Erlaubnis, um irgend etwas zu tun. Er stellte die Frage, um seine Gedanken diesbezüglich kundzutun.
Abraham sollte zu einer großen und mächtigen Nation werden. Aber es gab auch sofortige Belohnungen für seinen Glauben und für seinen Entschluß, mit Gott zu leben. Eine der bedeutendsten war die Kenntnis der Pläne Gottes. »Weil das Geschrei von Sodom und Gomorra groß und weil ihre Sünde sehr schwer ist«, erklärte Gott Abraham, »so will ich doch hinabgehen und sehen ob sie nach ihrem Geschrei, das vor mich gekommen ist, völlig getan haben; und wenn nicht, so will ich's wissen« (1. Mose 18, 20–21).
Mußte Gott wirklich Nachforschungen anstellen? Natürlich nicht! Er wußte genau, was los war, und er wußte, daß Sodom dem Untergang geweiht war. Es mußte zerstört werden, und nichts konnte es mehr retten. Aber er wollte Abraham ein paar Lektionen beibringen, und um das zu tun, mußte er so reden, daß es ein Mensch verstehen konnte. Deshalb sagte er, er wolle hinabsteigen und nachsehen, als ob er sich über die Signale, die er schon eine lange Zeit bekommen hatte, nicht im klaren wäre.

Was sagt uns das? Der kleine Dialog mit Abraham gibt uns die Sicherheit, daß Gott im Himmel sieht, was auf der Erde passiert, und daß er sich sorgt. Menschen aller Zeiten haben ihre Zweifel darüber gehabt. »Wie wüßte es Gott?«, klagen sie. »Gibt es ein Wissen beim Höchsten?« (Psalm 73, 11). Man könnte leicht glauben, daß Gott weder weiß, was passiert, noch sich darum kümmert. Schließlich ist die Welt schon immer schlecht gewesen, und scheint dauernd schlechter zu werden. Die Gesetzlosen leben im Überfluß, während die Gerechten Hungers sterben. So scheint es zumindest.
Nun, Abraham gegenüber bezeugte der Herr, daß Gott zwar nie überstürzt handelt, sehr wohl aber weiß, was passiert. Seine Ohren sind auf die Signale gerichtet, die von der Erde kommen. Sei es das Geschrei einer perversen, nach Sex verrückten Gesellschaft wie Sodom, oder das angstvolle Rufen unterdrückter und ausgenutzter Menschen – der Schall dringt durch bis zu Gott.

Kapitel 24

Gnade im Gericht

Der Gott, der Abraham als Freund behandelte und ihm große Dinge offenbart hatte, erwartete von ihm, daß er seine Kinder und sein Haus lehrte. »Denn ich habe ihn erkannt«, sagte Gott, »auf daß er seinen Kindern und seinem Hause nach ihm befehle, daß sie den Weg Jehovas bewahren, Gerechtigkeit und Recht zu üben« (1. Mose 18, 19).

Abraham wußte mehr über Gott, als jeder andere Mensch der damaligen Zeit. In jenen Tagen gab es keine Bibeln. Seine einzige Informationsquelle war Gott selbst, der ihm in unregelmäßigen Zeitabständen erschien. Heutigen Tages sind wir besser dran.

Nimm einmal die Tatsache, daß Gott zornig sein kann. Bevor der Herr Abraham besuchte und ihm sagte, daß er Sodom dem Erdboden gleich machen werde, gab es für Abraham keine Möglichkeit zu wissen, daß Gott überhaupt richtend handelt. In seinem persönlichen Erleben Gottes hatte es nie irgend etwas gegeben, was dies andeutete. Aber wenn Abraham das Haupt einer großen Nation werden sollte und wenn er seinen Kindern und seinem Haushalt befehlen sollte, auf dem Weg des Herrn zu bleiben, dann mußte er wissen, daß Gottes Geduld ihre Grenzen hat. Der langmütige Gott erträgt Sünde für eine lange Zeit, aber dann handelt er.

Es ist klar, welchen Zweck Gottes Unterhaltung mit Abraham hatte: Abraham sollte wissen, daß jedem Gericht Gottes eine unparteiische Untersuchung vorausgeht. Gott trifft weder übereilte Entscheidungen noch gerät er in Panik. Wie ein Vater, der sich nach seinem widerspenstigen Sohn sehnt und auf Anzeichen einer Umkehr hofft, wartet Gott geduldig. Er handelt nicht eher, als bis die Hoffnungslosigkeit des Falles für jedermann offensichtlich ist.

Und selbst dann sind seine Ziele letztendlich voll Gnade. Sicher,

Sodom war zum Untergang verdammt. Aber die Zerstörung dieser Stadt war mehr als nur ein Gericht über eine verdorbene, unrettbare Stadt. Es war ein Akt der Gnade gegenüber den überlebenden Städten, die sonst vielleicht von Sodom verdorben und ihrerseits zerstört worden wären.

Jedenfalls dachte Mose so. Als das Volk Israel in sein neues Land einzog, warnte er die Leute, daß wenn ein Mann oder eine Frau, eine Familie oder ein Stamm sich vom Herrn abwenden und den Göttern der lasterhaften Völker des Landes nachfolgen würde, die schuldige Person oder der schuldige Stamm vom Herrn völlig vernichtet werden würde. Dann erklärte Mose, daß jeder, der davon erfahren würde, sich an Sodom und Gomorra erinnern und sagen würde, es sei »gleich der Umkehrung von Sodom und Gomorra ... welche Jehova umkehrte in seinem Zorn und in seinem Grimm« (5. Mose 29, 23).

All dies war für Abraham vollkommen neu. Aber er verstand die Botschaft und gab sie an seine Nachkommen weiter. Jahrhunderte später zog einer seiner wahren Söhne, Simon Petrus, eine Lehre aus dem Vorfall: Gott äscherte die Städte Sodom und Gomorra ein, und veruteilte sie zur Zerstörung, damit er »denen ein Beispiel setzte, die künftig gottlos sein würden« (2. Petrus 2, 6).

Kapitel 25

Fürbitte

Nachdem der Herr Abraham erzählt hatte, daß er Sodom zu Asche machen werde, stand Abraham ein paar Minuten lang entsetzt da. Bei dem Gedanken, daß unschuldige Männer, Frauen und Kinder bei der Vernichtung Sodoms und seiner Schwesterstadt zu Asche verbrannt werden sollten, revoltierten seine humanitären Instinkte. »Träume ich?« fragte er sich. Dann fühlte er sich gedrungen, sich in der Angelegenheit an den Herrn zu wenden.

An diesem Punkt ist es wichtig, genau zu unterscheiden. Abraham hatte mit dem Herrn keinen Streit. Er wußte, daß ihm das nicht zustand. »Wehe dem, der mit seinem Bildner rechte«, warnt Jesaja. »Darf wohl der Ton zu seinem Bildner sagen: Was machst du?« (Jesaja 45, 9).

Nein, Abraham zog die Wege Gottes nicht in Zweifel. Er war sogar fest davon überzeugt, daß der Richter der ganzen Erde gerecht handele. Die Basis seiner besonderen Fürbitte für Sodom war die Gewißheit, daß Gott immer nur das Gerechte tut. Dabei aber spürte Abraham, daß Gott Fürbittegebet liebt und bereit ist, auf die Gebete der Gerechten zugunsten anderer zu hören.

Trotz der moralischen Verderbtheit Sodoms war es richtig, daß Abraham für die Stadt betete. Wenn Abraham sich geweigert hätte, so zu handeln, hätte er sich auf den Richterstuhl gesetzt, und der gehört allein Gott. Abrahams Verantwortung war es, für die Männer von Sodom und ihre Errettung zu beten, in der Hoffnung, daß sie, wie die Männer von Ninive zu einer anderen Zeit, Buße tun und zu Gott umkehren würden.

Es ist immer richtig, für das Leben anderer zu beten; wir sind dazu aufgerufen. »Liebet eure Feinde«, sagte der Herr Jesus, »und betet für die, die euch verfolgen« (Matthäus 5, 44). Er betete für die, die ihn kreuzigten und sagte: »Vater, vergib ihnen, denn sie wissen nicht, was sie tun!« (Lukas 23, 34). Der Apostel Paulus sagte, es sei wichtig und richtig, für alle Menschen zu beten, denn Gott »will, daß alle Menschen errettet werden und zur Erkenntnis der Wahrheit kommen« (1. Timotheus 2, 4).

Die Wirksamkeit von Abrahams Gebet hing von verschiedenen Faktoren ab. Es gibt keine vorprogrammierte Reaktion Gottes, als ob Gott selbsttätige Schreibmaschinen hätte, die auf genormte Fragen genormte Antworten geben. Die Rettung einer Stadt wie Sodom oder die eines einzelnen hängt von der Hinkehr zu Gott ab. In gewisser Weise gab es keine Möglichkeit für Gott, Sodom zu retten. Da er den Menschen nun einmal nach seinem eigenen Bilde gemacht hatte – was unter anderem bedeutet, daß der Mensch Entscheidungsfreiheit hat – mußte Gott sich an diese Ordnung halten. Wenn die Menschen von Sodom hartnäckig an der Sünde festhielten und sich weigerten, das Zeugnis Lots oder irgendeines anderen Boten des Herrn anzunehmen, blieb Gott so gut wie keine Alternative. Er mußte sie vernichten. Seine Heiligkeit verlangte es.

Eine andere Möglichkeit wäre vielleicht gewesen, das Feuer auf unbestimmte Zeit zurückzuhalten. Gott ist niemandem gegenüber verpflichtet, ganze Städte oder deren Einwohner verschwinden zu lassen, sobald sie es verdienen. Gericht ist etwas, was ihm zuwider ist. In Hesekiel 18, 23 sagt er, daß er kein Verlangen nach dem Tod des Sünders hat. »Habe ich irgendwie Gefallen an dem Tode des Gesetzlosen, spricht der Herr, Jehova? nicht *vielmehr* daran, daß er von seinen Wegen umkehre und lebe?«

Eines ist sicher, nämlich, daß es nicht Gottes Schuld ist, wenn unsere Gebete für die Rettung irgendeiner Person unbeantwortet bleiben; und wir sollten besser dafür sorgen, daß es auch nicht die unsere ist. Als der Prophet Samuel mit dem abgefallenen Volk Israel sprach, erklärte er: »Fern sei es von mir, daß ich gegen Jehova sündigen, daß ich ablassen sollte, für euch zu bitten« (1. Samuel 12, 23).

Kapitel 26

Ahnungslose Zuschauer

Abraham war ein wohlmeinender Mann. Er glaubte, es gäbe vielleicht fünfzig gerechte Menschen in Sodom, während es in Wirklichkeit nur einen gab. Die Leute von Sodom hätten ihn für unglaublich naiv gehalten, eine leichte Beute für Taschendiebe und Schwindler. Aber seine offenkundige Ahnungslosigkeit war die Schlichtheit eines wirklich gerechten Mannes, in dem kein Falsch ist. Wie seine Sorge um Sodom und den bevorstehenden Untergang zeigt, war er auch ein liebender Mann. Paulus sagt, daß die Liebe ein nie endendes Vertrauen hat (1. Korinther 13, 7). Das ist keine Leichtgläubigkeit; Abraham wußte sehr gut, daß Sodom eine Stadt voller Sünde war.

Trotzdem machte er zwei Fehler. Der erste ist schon genannt worden: er überschätzte die Anzahl der Gerechten in Sodom. Als Abraham am nächsten Tag die pilzförmige Wolke über Sodom sah, erkannte er zum ersten Mal das Ausmaß der Verdorbenheit von Sodom. Ihm wurde wahrscheinlich übel, als er beobachtete, wie der Rauch aufstieg, und wunderte sich, wie sein Neffe ein Leben in einem moralischen Abfalleimer hatte aushalten können.

Abrahams zweiter Fehler war anzunehmen, daß gerechte Menschen gegen das Unglück, das anderen Menschen zustößt, gefeit sind, oder daß ihre Gegenwart in einer Stadt wie Sodom für den Ort eine Art göttlichen Sicherheitsdienst garantiert.

Gottes Leute überleben normalerweise die Katastrophen, die andere in ihrem Ort das Leben kosten, auch nicht. Ob das Unglück nun ein »natürliches« Unglück oder ein Gericht Gottes ist – wobei es oft unmöglich ist, diese zwei Dinge voneinander zu unterscheiden – der Heilige und der Sünder leiden gleich viel. Das gehört zur Erfahrung der Menschen. Die Bibel und die Weltgeschichte sind voll von Beispielen für das Leiden von Unschuldigen.

Wenn Abraham das Leiden der Gerechten hätte vorhersehen

können, wäre er genauso verwirrt gewesen, wie jeder andere. Aber dann hätte ihm der Herr vielleicht auch gesagt, was er uns gesagt hat. Paulus drückt das so aus:

> Wer wird uns scheiden von der Liebe Christi? Drangsal oder Angst oder Verfolgung oder Hungersnot oder Blöße oder Gefahr oder Schwert? Wie geschrieben steht: »Um deinetwillen werden wir getötet den ganzen Tag; wie Schlachtschafe sind wir gerechnet worden.« Aber in diesem allen sind wir mehr als Überwinder durch den, der uns geliebt hat (Römer 8, 35–37).

Abrahams und Gottes Unterredungen auf höchster Ebene über Sodoms Zukunft endeten mit einem Kompromiß. Gott willigte ein, Abrahams Neffen zu retten, aber die Stadt war verloren. Es gab für Gott keine Möglichkeit, sie zu retten. Ihre Einwohner hatten sich so sehr in Sünde verstrickt, daß sie nicht mehr umkehren konnten. Daher wäre es skandalös gewesen, sie straffrei ausgehen zu lassen. Gott hatte tatsächlich keine andere Möglichkeit.

Lots Rettung war etwas ganz anderes. Es war in keiner Weise ein Zugeständnis, das einem widerstrebenden Gott abgerungen worden war, als ob er dem Druck eines hartnäckigen Verhandlungspartners nachgegeben hätte. Abraham hatte keine Tricks auf Lager. Er hatte nichts, worauf er sich berufen konnte, außer vielleicht dem Herzen Gottes. Vielleicht wußte er sogar schon in jener primitiven Zeit, daß Gottes Liebe größer ist, als das Universum. Ahnte er, daß sie die Erkenntnis übersteigt (Epheser 3, 18–19)? Wußte er, daß sie ewig währt (Jeremia 31, 3)? Wir wissen es natürlich. Wir kennen das Kreuz!

Abraham hatte keine Möglichkeit, dies zu wissen. Er wußte, daß der allerhöchste Gott, der Schöpfer Himmels und der Erde, alles tun konnte. Aber *würde er es tun?* Das war die ungelöste Frage, an die Abraham dachte. Würde Gott Lot vergessen? Würde er Gerechte opfern, nur um die zu strafen, die es verdienten? Abraham wußte es nicht.

Soweit wir aus der Geschichte sehen können, wußte Abraham beim Abbruch des Gesprächs mehr als vorher. Er wußte, daß Gott nicht

darauf versessen war, die Stadt zu vernichten. Er wußte, daß er Sodom wegen nur zehn Gerechten verschonen würde. Bei dieser Zahl endete die Unterhaltung. Vielleicht schämte sich Abraham, wegen weniger als zehn Menschen um die Sicherheit einer ganzen Stadt zu bitten. Vielleicht fürchtete er im tiefsten Grunde seines Herzens, daß es überhaupt keinen gab, nicht einmal einen, nicht einmal Lot. Hatte Sodom Lot völlig verdorben?
Am nächsten Tag *zeigte* ihm Gott die Wahrheit. Abraham war Zeuge der Zerstörung Sodoms. Er sah das Feuer und den Rauch und roch den Brandgeruch. Er sah auch weit entfernt drei kleine Gestalten, die in die Berge flohen. Da wußte Abraham, wie er es nie zuvor gewußt hatte: »Der Herr weiß die Gottseligen aus der Versuchung zu retten« (2. Petrus 2, 9). »Ja, mit ewiger Liebe habe ich dich geliebt«, spricht Gott, »darum habe ich dir fortdauern lassen *meine* Güte« (Jeremia 31, 3).

Kapitel 27

Freiheit und Sklaverei

Sodom war eine »ausgelassene« Stadt. Sie war so ausgelassen, daß der einzige besonnene Mann, der dort wohnte, sehr unglücklich war, weil niemand sonst in der Stadt seine Meinung teilte. Er wurde nicht ignoriert. Lot saß sogar »im Tor«, was bedeutet, daß er sogar mitbestimmend in der Stadt war. Aber niemand nahm ihn ernst. Es war schön, einen ehrlichen Schatzmeister zu haben, aber wer brauchte seinen Rat in kulturellen Angelegenheiten? Niemand. »Laß den alten Bauern die Bücher führen«, sagten die anderen Einwohner der Stadt. »Wir kümmern uns um alles andere.«

Sünde – himmelschreiende, schwere, unaussprechliche Sünde – war so viele Jahre lang der Lebensstil Sodoms gewesen, daß sich niemand in der Stadt mehr darüber entsetzte. Unzucht, Blutschande und Perversion – aus diesen Dingen bestand ihr Leben, und sie waren für sie so natürlich, wie das Atmen. Wenn Lot anders war – und das war er, denn das wollüstige Verhalten seiner Nachbarn bedrückte ihn – wenn er anders war, dann dachten sie, er sei so, weil er ein Fremder war.

Die Situation war so schlimm, daß, als die zwei Männer, die Abraham vor kurzem bewirtet hatte, in Sodom ankamen, Lot darauf bestand, daß sie in seinem Haus wohnten. Sicher war er hilfsbereit und gastfreundlich, aber darüberhinaus hatte er noch andere Gründe, sie so sehr zu drängen. Er wußte, daß man sie auf den Straßen Sodoms überfallen würde. Das Nachtleben hier war, wie er im Gespräch durchblicken ließ, ein scheußlicher Alptraum.

Die Männer, die in Wirklichkeit Engel waren, hatten verstanden. Sie wußten, daß Menschen, die das Prinzip der Autorität ablehnen, mit der Zeit alle Prinzipien verlieren. Freiheit, um zu tun, was man möchte, ist nur eine Illusion. Niemand ist jemals wirklich frei; diejenigen, die alle Einschränkungen abschütteln, werden hoffnungslos von ihren bösen Gelüsten versklavt. Es gibt keine wirkliche Freiheit, außer in der Verbindung mit dem lebendigen Christus, der sein Leben mit uns teilt und uns lehrt, uns selbst zu bezwingen.

Was die unverständigen Menschen von Sodom betrifft, so sagt Petrus, sie seien »wie unvernünftige Tiere, von Natur aus zum Eingefangenwerden und Verderben geschaffen« (2. Petrus 2, 12). Sie waren keine Tiere; sie waren Menschen. Aber indem sie jede Autorität und jeden Verzicht zurückwiesen, erniedrigten sie sich selbst bis zu einer Stufe, die unterhalb der der Tiere lag. Petrus beschreibt das treffend, wenn er sagt, sie »lästern das, was sie nicht kennen« (Vers 12). Er nennt sie auch »Brunnen ohne Wasser« (Vers 17).

Die Bibel stellt fest, daß der gerechte Lot »von dem ausschweifenden Wandel der Ruchlosen gequält wurde« (2. Petrus 2, 7). Ihre Unterhaltungen ekelten ihn an. Ihre gesetzlosen Taten schockierten ihn, und zwar so sehr, daß er sich in Sodom innerlich gequält fühlte. Für ihn gab es in dieser ausgelassenen Stadt keine Ausgelassenheit.

Man fragt sich, warum er Sodom nicht verließ. Vielleicht dachte er, er hätte alle Brücken hinter sich abgebrochen. Wenn es so war, täuschte er sich. Es gibt immer einen Ausweg. Es gibt immer einen Weg zurück zu Gott. In einer Situation wie dieser sprach Gott die folgenden Worte:

> Darum geht aus ihrer Mitte hinaus und sondert euch ab, spricht der Herr, und rührt Unreines nicht an, und *ich* werde euch annehmen und werde euch ein Vater sein, und *ihr* werdet mir Söhne und Töchter sein, spricht der Herr, der Allmächtige (2. Korinther 6, 17–18).

Kapitel 28

Höflichkeit kann ein Problem sein

Lot war die Höflichkeit in Person, aber das kostete ihn fast seine Seele. Er war höflich, als er empört, ja sogar zornig hätte sein sollen. Es gibt Situationen, in denen es besser ist, höflich, aber dennoch unverblümt zu sein, als taktvoll; und jene Nacht, in der Lots Besucher in sein Haus kamen, war solch eine Situation. Lots perverse Nachbarn kamen, schlugen gegen die Tür und verlangten, daß er seine Gäste hinausstieß. Es war eine schamlose Forderung und durch und durch schlecht, und Lot wußte es. Ihrer Forderung nachzugeben wäre eine Verletzung des Gastrechts gewesen. Schlimmer noch, er hätte dadurch an ihrer Sünde teilgehabt, und das war für Lot undenkbar.

Das sagte er ihnen auch. »Tut nicht so etwas Schlechtes!«, protestierte er.

Es war ein schwacher Protest. Es war in der Tat so gut wie gar kein Protest. Er begann seine kleine Rede, indem er sie seine »Brüder« nannte. Brüder? Diese Menschen von Sodom? Diese verdorbenen Leute? Das konnte er nicht so gemeint haben! Lot war nervös, und zweifelsohne glaubte er, er könne die Männer von Sodom beschwichtigen. Als Politiker war er daran gewöhnt, besänftigend zu reden. Er hatte eine gewandte Zunge. Das Problem dabei war, daß diese Situation heiligen Zorn erforderte, und nicht glatte Worte, Tadel, und nicht überredende Worte der Besänftigung.

Lots Schwäche lag in seinem Mangel an Überzeugung. Sein Empfinden für die Sündigkeit der Sünde war zwar so stark, daß er sich in Sodom nicht wohlfühlte, aber es war nicht stark genug, um ihm Sodom unerträglich zu machen. Er hatte sich recht gut angepaßt. Andernfalls wäre er gegangen, denn er hatte sicherlich Gelegenheit dazu. Mangel an Überzeugung hielt ihn dort, während sein Onkel Abraham aus tiefer Überzeugung heraus trotz mehrerer Jahre voller Enttäuschungen im Verheißenen Land blieb.

In dieser Stadt der Perversität waren Lots Wertmaßstäbe verdreht worden. Der Grund, den er dafür angab, daß er die Männer in seinem Haus verteidigte, war, daß sie seine Gäste waren. Er nahm Anstoß an dem Gedanken, die Gastfreundschaft zu verletzen. »Wer, ich?« stieß er wütend hervor. »Nie!« Er würde nie einen Gast herausgeben oder nicht gastfreundlich behandeln. Lot war zu fein, zu städtisch, um sich ungehörig zu benehmen.

Aber was tat er stattdessen? Er bot den Männern von Sodom seine jungfräulichen Töchter an. Er, der sich nicht dazu herablassen würde, das Gastrecht zu verletzen, bot seine eigenen Töchter als »Opfer« an. »Laßt mich sie doch zu euch herausbringen«, drängte er, »allein diesen Männern tut nichts, da sie nun einmal unter den Schatten meines Daches gekommen sind« (1. Mose 19, 8). Man braucht keinen allzu großen Scharfsinn um zu sehen, daß Sodom an dem gerechten Lot seine Spuren hinterlassen hatte. Der Apostel Paulus sagte, man müsse sich schämen, »auch nur zu nennen, was dort heimlich getan wird« (Epheser 5, 12; Die Gute Nachricht). Aber indem er seine Töchter anbot, wurde Lot mit ihnen zusammen ein Teilhaber an ihren bösen Taten (vergleiche Epheser 5, 7).

Vielleicht war seine Höflichkeit getarnte Mittäterschaft. Vielleicht ist das alles, was einem Menschen bleibt, wenn er seine Überzeugungen verliert.

Kapitel 29

Keine spaßige Angelegenheit

Wenn die Engel Lot nicht bei der Hand genommen und ihn bis vor die Stadtmauern gezogen hätten, wäre er in der Stadt geblieben und hätte die Hände gerungen, während er auf das Verderben wartete. Es war offensichtlich, daß er glaubte, was sie ihm erzählten. Er wußte, daß Gott Sodom vernichten würde. Dennoch schien er unfähig, seine Gedanken oder seine Familie zu sammeln. Vielleicht hatte der Zusammenstoß mit den Leuten von Sodom den armen, alten Lot seine letzten Nerven gekostet.

Die Engel veranlaßten Lot, seine Schwiegersöhne zu holen. Als Mitglieder der Familie sollten auch sie gerettet werden. Schließlich hatte Gott Noahs drei Schwiegertöchter gerettet. Warum also nicht auch bei Lot?

Aber Lots Schwiegersöhne meinten, er mache Witze. Für sie klang es wie ein Witz, als der alte Herr von Gott und Engeln und Vernichtung sprach. »Wir wissen, daß er nicht verrückt ist« meinten sie. »Also muß er scherzen.« Sie konnten sich nicht fassen vor Lachen, aber Lot weinte, als er ging. Sie brachen ihm das Herz. Alles, was seit der Ankunft der zwei Fremden passiert war, war wie ein Alptraum gewesen. Vielleicht war es alles in Wirklichkeit gar nicht passiert, oder kam es ihm nur so vor?

Aus diesem Grund zögerte er, als die Engel sagten: »Die Zeit ist um. Laß uns gehen!« Die Zeit lief ab, und der arme, alte Lot begann sich zu sträuben. Schließlich war er sich doch nicht völlig sicher, ob er den Engeln glauben konnte. Vielleicht hatten seine Schwiegersöhne recht, wenn sie meinten, es sei alles ein großer Witz. Außerdem nörgelte seine Frau bis zum geht-nicht-mehr. In ihren Augen war der Gedanke, die Stadt zu verlassen und in die Berge zu gehen, purer Wahnsinn, und sie ließ auch jeden wissen, was sie dachte.

Lot begann, unter dem Druck zusammenzubrechen. Er weigerte

sich, sich von der Stelle zu bewegen; er ließ sich von niemandem einfach so herumschubsen.

Lot befand sich niemals in größerer Gefahr, als jetzt. Er stand in der Gefahr, vom Gehorsam gegenüber Gott zurückzuweichen. Dies war kein Fall von Launenhaftigkeit auf Grund von Erschöpfung. Es war ein Fall von Unglaube gegenüber dem Wort Gottes, das die Engel überbrachten. Ein Prophet, der viel später lebte, betonte, wie schwerwiegend diese Situtation war. Er sprach an Gottes Stelle: »›Mein Gerechter aber wird aus Glauben leben;‹ und: ›Wenn er sich zurückzieht, wird meine Seele kein Wohlgefallen an ihm haben‹« (Hebräer 10, 38).

Es war Lots Glück, daß die Engel nicht herumspaßten. Sie wußten, daß keine Zeit zu verlieren war, und als treue Diener Gottes, die gesandt worden waren, um Lot einen Dienst zu erweisen, packten sie ihn bei der Hand und zogen ihn hoch. Da vier unvernünftige Sterbliche da waren, mit denen sie fertig werden mußten, und nur zwei Engel, nahmen die Engel an jede Hand eine Person und eilten mit ihnen aus den Stadtmauern hinaus. Lot und seine Familie jammerten die ganze Zeit, daß ihre Rechte verletzt wurden. Aber die Bibel sagt, daß der Herr Erbarmen mit ihnen hatte (1. Mose 19, 16).

Lot schlug vor, daß sie ihm erlauben sollten, sich in Zoar niederzulassen. »Es ist nur eine kleine Stadt«, erklärte er, als ob er sagen wollte, daß es nur in großen Städten Verderbnis gibt. Dies war seine logische Begründung dafür, sich nicht zu beeilen.

Jahre eines luxuriösen Lebens in Sodom (Hesekiel 16, 49) hatten Lot verweichlicht. Er hatte vergessen, wie man Not erträgt; der bloße Gedanke daran erschreckte ihn. In dieser Stadt der Perversität waren Lots Wertmaßstäbe verdorben worden. Nie war dies offensichtlicher, als zu dem Zeitpunkt, als er um die Erlaubnis bat, sich in »Klein Sodom« niederlassen zu dürfen. Obgleich er der einzige gerechte Mann in ganz Sodom war, hatte er sich doch so an dessen Reichtum und das bequeme Leben gewöhnt, daß ihm der Sittenverfall unwichtig zu sein schien. Er konnte damit leben. Das ist vielleicht die größte Tragödie in Lots Leben. Als Abraham, der auf einem Bergrücken außerhalb der Reichweite des Feuers und Schwefels stand, sah, wie drei winzige Gestalten Zoar betraten, mag er erleichtert gewesen sein. Sein Neffe Lot war entkommen. Abraham wußte nicht, daß Lot ihn genauso vergessen und diese Welt liebgewonnen hatte, wie es Generationen später Demas tat (2. Timotheus 4, 10).

Kapitel 30

Entscheidungen sind Familiensache

Für Lot, der das Stadtleben liebte, war die Art, in der er seinen Lebensabend verbrachte, unaussprechlich traurig – er lebte in einer Höhle. Das verkehrte den angeblichen Verlauf der sozialen Evolution in's Gegenteil; statt sich vom steinzeitlichen Höhlenmenschen zu einem Einwohner kommunaler Wohnorte wie Dörfer oder Städte aufwärts zu entwickeln, entwickelte sich Lot abwärts. Er ging aus der Großstadt in eine Kleinstadt, und von dort in eine Höhle. Sein Abstieg dauerte nicht ungezählte Zeitalter; er machte die Reise in Rekordzeit. Es war eine Sache von Stunden, oder vielleicht, wenn es hoch kommt, von ein paar Tagen, vom Großstadtmensch zum Höhlenbewohner zu werden.

Von Lots Standpunkt aus gesehen, war das tragisch, ein persönliches Unglück von unvorstellbarem Ausmaß. Alles hatte er verloren: sein Heim, seine Möbel und seinen Safe, der alle seine Versicherungspolicen und Aktienzertifikate enthielt. Er hatte auch seine Frau verloren, weil sie auf ihrer Flucht aus Sodom gezögert hatte und von dem Feuersturm der die Stadt zerstörte, ergriffen wurde.

Niemand weiß woher Lot seine Frau bekam oder wie sie hieß. In der Schrift wird nicht viel über sie gesagt. Sie wird nicht näher beschrieben, und nichts von ihren Worten wurde festgehalten. Man könnte sie leicht vergessen. Dennoch sagte der Herr Jesus seinen Jüngern, sie sollten sich an sie erinnern. »Denkt an Lots Frau!«, sagte er (Lukas 17, 32). Jahrhunderte waren vergangen, seit ihr Leben frühzeitig erloschen war, und dennoch setzte er voraus, daß jeder wußte, von wem er sprach. »Denkt an sie«, meinte der Herr Jesus. »Denkt an sie und laßt euch warnen!«

Die größte Ironie im Leben von Lots Frau ist, daß sie, als sie starb, eine Salzsäule wurde. Nun ist Salz in der Bibel oft ein Symbol für Reinheit. So, wie man von bestimmten Chemikalien sagt, sie seien, im Gegensatz zu »unaktiven« Chemikalien, »aktiv«, so symbolisiert Salz *aktive* Reinheit. »*Ihr* seid das Salz der Erde«, sagte Jesus seinen Jüngern (Matthäus 5, 13). Das Leben Christi in den Gläubigen ist aktiv und hält das Böse in ihnen zurück. Sie selbst wiederum wirken als ein Abschreckungsmittel für das Böse in der Welt. »Euer Wort sei allezeit in Gnade«, lehrte Paulus, »mit Salz gewürzt; ihr sollt wissen, wie ihr jedem einzelnen antworten sollt« (Kolosser 4, 6). Salz in der Rede eines Menschen reinigt sie, indem es schnell die kleinen Bakterien tötet, die, wenn man sie nicht hindert, zu Maden werden. Paulus sagt auch, daß kein ungesundes, d. h. kein verdorbenes Wort je aus dem Munde eines Gläubigen hervorgehen solle. Man solle seine Rede mit Salz würzen, »damit es den Hörenden Gnade gebe« (Epheser 4, 29).

Petrus mag an Lots Frau als an einen Kontrast gedacht haben, als er von Frauen sprach, deren Charakter Salz enthält. Er sprach von solchen Frauen, die einen »in Furcht reinen Wandel« hatten (1. Petrus 3, 1). Ihre Schönheit lag in ihrer Persönlichkeit. Sie trugen den »unvergänglichen (Schmuck) des sanften und stillen Geistes, der vor Gott sehr köstlich ist« (Vers 4). Lots Frau dagegen hatte nichts, was für sie sprach, als äußeren Schmuck, eine ausgefallene Frisur (die sich jede Woche änderte), Haufen von Juwelen und so viele Kleider, daß sie sie nicht zählen konnte. Es war eindrucksvoll, aber vergänglich. Schlimmer noch, es war ohne »Salz«. Deshalb war sie für ihren Ehemann keine Hilfe. Sie brachte »kein Salz auf seinen Tisch«.

Lots Töchter überlebten die Katastrophe und begleiteten ihn in die Berge, aber ihr Verhalten als Höhlenmädchen war so skandalös, daß er sich gewünscht haben mag, daß sie mit ihrer Mutter gestorben wären. Er wußte, daß er sowohl sie als auch seine Frau verloren hatte.

Eigentlich hatte er sie schon verloren, bevor ihn die Ereignisse dazu zwangen, in die Berge zu hasten, um Schutz zu suchen. Lot war ein gerechter Mann, aber seine Töchter hatten keinen sittlichen Halt. Sie überredeten ihren Vater, sich zu betrinken, und wurden die Mütter seiner einzigen Söhne – oder waren es Enkelsöhne? Wenn er später in ruhigen Momenten darüber nachdachte, war Lot entsetzt. Wahrscheinlich erkannte er, daß die Mädchen das Produkt ihrer

Umwelt waren. Dadurch, daß sie in Sodom aufwuchsen, waren sie echte Sodomiterinnen geworden, Mädchen, die, wenn die Umstände es zu fordern schienen, ohne Skrupel wie streunende Katzen leben konnten.

Lot mag vielleicht zum ersten Mal erkannt haben, daß sein Umzug von den Weiden des Verheißenen Landes nach Sodom zumindest teilweise für den moralischen Zusammenbruch seiner Familie verantwortlich war. Er hatte die Mädchen bewußt dem Einfluß des Bösen ausgesetzt. Dazu kam, daß es in seinem Hause wenig oder gar nichts gab, das dem Bösen auf den Straßen und in den Klassenräumen entgegenarbeitete. Seine Töchter waren langsam aber sicher durch die Einflüsse ihrer Umwelt, der Welt von Sodom, geformt worden.

Während er über die Degeneration seiner Töchter nachdachte, formulierte Lot in seinen Gedanken vielleicht eine Wahrheit, die der Apostel Paulus Jahrhunderte später sehr klar aussprach. »Keiner von uns lebt sich selbst«, sagte Paulus, »und keiner stirbt sich selbst« (Römer 14, 7). Er meinte damit, daß das, was wir tun, andere beeinflußt, entweder zum Guten oder zum Bösen. Es war eine Sache, daß Lot sich selbst der Versuchung und dem geistlichen Ruin aussetzte; aber es war eine ganz andere Sache – eine weitaus ernstere Sache – daß er seine Töchter diesem Einfluß aussetzte. Paulus sagte: »Sondern richtet vielmehr darüber, daß dem Bruder kein Anstoß oder Ärgernis gegeben wird« (Vers 13).

Lots Onkel, Abraham, lebte in einsamer Absonderung vom Bösen in der Wüste Palästinas, und doch wurde er als Mann des Glaubens, der mit Gott lebte, ein Beispiel für Tausende. Indem er sein Leben (im übertragenen Sinne) verlor, fand er es (im wörtlichen Sinne). Lot war auf »Genuß« aus. Aber indem er das tat, zerstörte er sich selbst und verlor dabei auch noch seine Familie.

Kapitel 31

Auch große Männer können fallen

Wenn das erste Buch Mose von einem sentimentalen jüdischen Patrioten geschrieben worden wäre, wäre Kapitel 20 ausgelassen worden. Es ist ein Bericht über einen schweren Sündenfall Abrahams, des Vaters der Nation. Abraham war zu der Zeit ein alter Mann, alt genug um zu wissen, daß er das besser nicht getan hätte. Natürlich wußte er, daß die Sache nicht gut war. Er sündigte nicht aus Unwissenheit, als ob er eine neu Bekehrter sei, der sich noch nicht mit der Bibel befaßt oder die Predigten in der Gemeinde angehört hatte. Abraham vollzog einen bewußten Betrug. Es war nicht das erste Mal, daß er log. Dasselbe hatte er mindestens zwanzig Jahre vorher in Ägypten getan und war aus dem Land hinausgeworfen worden. Kapitel 20 berichtet, wie er in dieselbe Sünde zurückfiel, als er ein alter Mann war, der mit Gott gelebt und mit Engeln gesprochen hatte.

Es passierte in Gerar, einer Stadt an der Grenze zwischen Palästina und Ägypten. Gerar war eine Stadt der Philister, deren König einen Harem hatte. Als Abraham in diesen Ort kam, gab er sich als »ledig« aus. Was war mit Sara, seiner Frau? Er gab sie als seine Schwester an. Der Grund dafür war erschütternd: er hatte Angst, daß ihn irgendein Mann, der die Harems der Stadt mit Frauen versorgte, töten und ihm seine Frau wegnehmen könnte.

Es ist erstaunlich, Abraham in solcher Furcht zu sehen. Schließlich war er der Mann, der eine kleine Gruppe von 318 Männern bei der Verfolgung von ganzen Horden bewaffneter Plünderer, die unter dem Befehl von fünf Königen aus dem Osten Kanaans standen, geleitet hatte. *Damals*, als er in wirklicher, persönlicher Gefahr stand, war er mutig und tatkräftig. Seine Nachbarn meinten wahrscheinlich, er sei ein Mann von tollkühnem Mut.

Wenn sie das glaubten, irrten sie sich. Abrahams Kühnheit in der Angelegenheit mit den Königen aus dem Osten hatte ihren

Ursprung in Gott und in einer inneren Gewißheit gehabt, daß er dem Willen Gottes gemäß handelte. Er war sich der Gegenwart Gottes bewußt.
In Gerar – wie auch viele Jahre vorher in Ägypten – war es ganz anders. Abraham vermutete wahrscheinlich, daß er nicht hierher gehörte, nicht einmal für ein Wochenende der Entspannung. Er gab zu, der Ansicht zu sein, es gäbe keine Furcht Gottes in dieser Stadt. War Gerar ein »Miniatur-Sodom«, und eiferte Abraham seinem Neffen Lot nach, indem er seine Zeit dort verbrachte – sei es, daß er Lebensmittel einkaufte, oder sei es, daß er in der Bibliothek herumstöberte? Es scheint unglaublich, zumal Abraham die Zerstörung Sodoms durch das Feuer noch frisch in Erinnerung hatte, oder es zumindest hätte haben sollen. Eins ist jedenfalls sicher: er führte eine moralische Angleichung an die Situation aus; er paßte sich dem moralischen Klima Gerars an. Auf gut Deutsch: er log. Für einen Mann Gottes war es eine schäbige Abmachung – er log und ließ zu, daß ein anderer Mann seine, Abrahams Frau, seinem Harem hinzufügte. Es ist so schäbig, daß wir überrascht sind, es in der Bibel zu finden. Ist dies der Mann, den Gott seinen Freund nannte, der Mann, dem Gott seine Pläne über die Zerstörung Sodoms mitteilte? Ist dies der Mann, dessentwegen Gott das Leben Lots rettete? Es ist in der Tat derselbe Mann. Aber wenn *wir* das erste Buch Mose schreiben würden, dann würden wir die traurigen Ereignisse, die in Kapitel 20 beschrieben werden, auslassen. Es mag in Ordnung sein, Staatsmänner und andere Volkshelden zu entlarven, aber sicherlich nicht den Vater aller Gläubigen!
Mose, wenn er nur als Mensch geschrieben hätte, würde dem wahrscheinlich zugestimmt haben. Sein persönliches Interesse an Abraham war mindestens genauso groß, wie das unsere, wahrscheinlich sogar noch größer, weil er direkt von Abraham abstammte. Aber Mose war nicht ein gewöhnlicher Biograph von nationalen Helden. Er war ein Schreiber, der die Anweisung hatte, alles aufzuschreiben, was ihm befohlen wurde. Der Apostel Petrus drückt das so aus, daß Mose vom Heiligen Geist getrieben wurde, Gottes Worte zu reden (2. Petrus 1, 21). Ein Anspruch, der in den ersten fünf Büchern der Bibel, welche alle von Mose verfaßt wurden, häufig zu finden ist, lautet: Mose schrieb alle Worte

Jehovas nieder« (2. Mose 24, 4). Damit soll herausgestellt werden, daß es Gott war, der wollte, daß wir von Abrahams Fall in seinem Alter wissen. Es war der Heilige Geist Gottes, der Mose drängte, das Ereignis aufzuzeichnen. Natürlich fragen wir uns, warum? Gott möchte, daß wir die Wahrheit über das menschliche Herz kennen. Er möchte daß wir gewarnt werden und dadurch auf Schwierigkeiten vorbereitet sind. Der Apostel Paulus erklärte, daß diese Dinge »zur Ermahnung für uns« geschrieben worden sind (1. Korinther 10, 11) und fügt noch hinzu: »Daher, wer zu stehen meint, sehe zu, daß er nicht falle« (Vers 12).

Die psychologischen Vorgänge bei der Versuchung zur Sünde und einem moralischen Fall mögen kompliziert sein. Aber es ist klar zu erkennen, daß Abraham in Großstädten leicht zu verwunden war. Dort war er nicht in der Lage zu widerstehen. Für ihn bestand demnach die Verteidigung gegen diese bestimmte Sünde darin, daß er sich der Stadt fernhielt.

Dies ist auch der Rat, den ihm der Apostel Paulus gegeben hätte. Er sagte: »Zieht den Herrn Jesus Christus an, und treibt nicht Vorsorge für das Fleisch, daß Begierden wach werden« (Römer 13, 14). Der Gedanke dabei scheint zu sein, daß sich die Natur eines Menschen bei der kleinsten Gelegenheit bemerkbar macht. Deshalb hätte Paulus zu Abraham gesagt: »Bleib da, wo du hingehörst.« Es ist sehr viel wert, Situationen zu meiden, in denen geistliche Gefahr vorhanden ist.

Es gibt im Leben eines Gläubigen keinen Punkt, an dem er für immer davor sicher ist, dem Zug der Sünde nachzugeben. Jeremia wußte das sehr genau. »Arglistig und verderbt ist das Herz, mehr als alles«, bekannte er, »und verderbt ist es; wer mag es kennen?« (Jeremia 17, 9). Jeremia sagte das von seinem eigenen Herzen. Nur ein Narr unterschätzt das Böse, das in seinem Herzen lauert. David wußte dies auch. Deshalb betete er, daß Gott sein Herz prüfen und ihm seine Neigung zur Sünde offenbaren möge.

> Erforsche mich, Gott und erkenne mein Herz.
> Prüfe mich und erkenne meine Gedanken!
> Und sieh, ob ein Weg der Mühsal bei mir ist,
> und leite mich auf dem ewigen Weg! (Psalm 139, 23 + 24)

Kapitel 32

Das geht zu weit!

Sara gehorchte Abraham die meiste Zeit. Aber bei einigen Gelegenheiten wäre es besser gewesen, wenn sie ungehorsam gewesen wäre. Der Apostel Petrus führte sie als Beispiel der Unterordnung unter den Ehemann als Hilfe für christliche Ehefrauen an. Unterordnung aber hat ihre Grenzen in den Ordnungsvorstellungen Gottes. Es gibt Zeiten wo eine gottesfürchtige Frau energisch sein muß. Wenn Sara nein zu Abraham gesagt hätte, als er sie bat, bei dem Betrug gegenüber den Männern von Gerar mitzuspielen, hätte sie sich selbst viele Ängste und ihrem Gatten die große Schande einer sehr deutlichen Zurechtweisung seitens eines heidnischen Königs erspart, der sich edler verhalten hatte, als Abraham und Sara.

Soweit wir es beurteilen können, fügte sie sich sanftmütig dem Vorschlag Abrahams. Sie war damit einverstanden, sich seine Schwester zu nennen. Als König Abimelech nach ihr sandte, folgte sie ihrem Führer zum Harem. Wie sich später herausstellte, geschah ihr nichts.

Abimelech entschädigte sie sogar für die erlittenen Unbequemlichkeiten. Aber darum geht es gar nicht. Es geht darum, daß Sara, eine wirklich gottesfürchtige Frau, mit ihrem Mann bei der Durchführung eines bewußten Betrugs zusammenarbeitete.

Es gibt ganz eindeutig Grenzen für die Unterordnung einer Frau unter die Forderungen ihres Ehemannes. Wir wissen nicht, warum Sara mit Abrahams Plan einverstanden war. Petrus deutet an, daß sie von Furcht motiviert wurde. Seid gehorsam, »wie Sara dem Abraham gehorchte und ihn Herr nannte, deren Kinder ihr geworden seid, indem ihr Gutes tut und keinerlei Schrecken fürchtet«, erklärt er (1. Petrus 3, 6).

Sara tat etwas Falsches, aber sie hatte offensichtlich Angst. War es Angst vor Abraham? Kaum. Abraham war ein gutmütiger Mann. In der Affäre mit Hagar war *er* es, der sich bei mindestens zwei

Anlässen sanftmütig *ihren* Forderungen fügte. Nein, Sara fürchtete sich nicht vor Abraham. Hatte sie Angst vor den Männern von Gerar? War es Angst um das Leben ihres Mannes, die sie dazu brachte, sich auf solche Weise zu entwürdigen? Wenn es so war, dann war ihre Bereitschaft, seinen Plan – nämlich, sich seine Schwester zu nennen – anzunehmen, ein Akt der Liebe zu ihm. Sie opferte sich selbst für ihn.

Dennoch war es falsch. Es ist immer falsch, etwas zu tun, was Gott verdammt, in der Hoffnung, daß etwas Gutes dabei herauskommt. »Laßt uns Böses tun, damit Gutes dabei herauskomme!« ist eine Lehre der Dämonen. Der Zweck heiligt nicht die Mittel. Die Mittel müssen in Ordnung sein. Der Zweck wird für sich selber Sorge tragen. Sara hätte Abrahams Sicherheit in Gottes Hände legen sollen. Es war eindeutig falsch, daß sie sich für ihren Ehemann derart erniedrigte.

Der Herr Jesus sprach einmal über dieses Thema. Dabei sagte er folgendes:

> Wenn jemand zu mir kommt und haßt nicht seinen Vater und seine Mutter und seine Frau und seine Kinder und seine Brüder und Schwestern, dazu aber auch sein eigenes Leben, so kann er nicht mein Jünger sein (Lukas 14, 26).

Kapitel 33

Ein göttliches Charakterzeugnis

Saras Ankunft im Harem war für Abimelech eine Katastrophe; noch bevor er dazu kam, sie in ihre neuen Quartiere einzuweisen, wurde er krank. In jener Nacht, als er stöhnend auf seinem Bett lag, erschien ihm Gott in einem Traum und sagte ihm, daß er ein toter Mann sei. Der Herr ließ ihn wissen, daß er und seine Familie gewiß sterben würden, wenn er Sara nicht schnellstens ihrem Ehemann wiedergeben würde – kein wenn und aber! Abimelech war kein Narr und außerdem zu krank, um an Sara zu denken.

Er ließ Abraham kommen, damit dieser seine Frau abholte.

Die Szene, die nun folgt ist eigenartig. Abimelech kritisierte heftig Abrahams Falschheit und verlangte eine Erklärung. »Was habe ich wider dich gesündigt«, wollte er wissen, »daß du über mich und über mein Reich eine große Sünde gebracht hast?« (1. Mose 20, 9).

Wahrscheinlich hat Abraham in den folgenden Jahren nie die Demütigung jener Stunde vergessen. Er wußte, daß er den Tadel des Königs verdient hatte. Er hatte sich in der Tat an Abimelech versündigt und war verantwortlich für die Krankheit, die in der Familie des Königs gewütet hatte. Diese lange, dunkle Nacht des Leidens war Abrahams Werk gewesen; er hatte sie verursacht. Abraham erkannte an, daß die Anschuldigungen des Königs gerecht waren, und vergaß sie nie. Er kam zu dem Entschluß seine Wege zu ändern und so zu leben, daß die Heiden erkennen könnten, daß er ein Mann Gottes war, und nicht ein gewöhnlicher, durchschnittlicher, zurückgebliebener Mann wie alle anderen. Er wollte ihnen auf gar keinen Fall Anlaß geben, den Namen des Gottes, den er anbetete und dem er diente, zu schmähen.

Das erstaunlichste an Abrahams Betrug in Gerar ist, daß Gott ihn nicht einen Lügner nannte, oder irgendeinem anderen erlaubte, dies zu tun. Es ist erstaunlich, weil Abraham wirklich ungeheuerlich gelogen hatte, und Gott wußte das. Nichtsdestotrotz sagte Gott Abimelech, als er ihm in einem Traum erschien, daß Abraham ein Prophet sei. Gott, der sich selten, wenn überhaupt, darum bemüht, seinen eigenen Ruf zu verteidigen, schien entschlossen zu sein, den heidnischen König davon zu überzeugen, daß Abraham kein Lügner sei. Es stimmt, er hatte gelogen, aber als er es tat, handelte er nicht seinem Wesen gemäß. Er hatte der Versuchung nachgegeben. Aber Gott sagte: »Täusch dich nicht! Dieser Mann ist ein Prophet.«

Abraham war in der Tat ein Prophet, und als er für Abimelech, der samt seiner ganzen Familie ernstlich erkrankt war, betete, heilte Gott sie. Gott war nicht mit Abrahams Lüge einverstanden; ja, er haßt Betrug sogar. Was Gott aber sagen wollte, war daß die Lebensrichtung eines Menschen seinen wahren Charakter offenbart, und nicht eine einzelne, isolierte Handlung. Wenn es stimmt, daß Jahre der Gemeinschaft mit Gott keine Garantie dafür sind, daß ein Mensch nicht eine schockierende Sünde begeht, dann stimmt es auch, daß Sünde, die unter dem Druck der Versuchung begangen wurde, kein verläßlicher Maßstab für den Charakter eines Menschen ist. Sünde ist immer etwas Ernstes; sie ist immer etwas, was Gott verletzt, und sie ist ganz sicher mit dem Zeugnis eines Christen unvereinbar. Dennoch war sie in gewisser Weise etwas Zufälliges in Abrahams Leben. Sie mag ihm Schande gebracht und seinen Ruf – zumindest in Gerar – ruiniert haben. Aber prinzipiell war Abraham ein wahres Kind Gottes, und Gott erkannte das an.

Alles, woran sich Gott erinnert, als er Abrahams Leben zusammenfaßt, ist, daß er ein Mann des Glaubens war. Er mochte nach Gerar gegangen und dort in Schwierigkeiten geraten sein, aber das war nicht das eigentlich wichtige. Letztlich zählte, daß er sein ganzes Leben lang nach einer besseren Stadt Ausschau hielt – der »Stadt, die Grundlagen hat, deren Baumeister und Schöpfer Gott ist« (Hebräer 11, 10).

Kapitel 34

Genau zur richtigen Zeit

Saras schönste Stunde kam in ihrem hohen Alter, als sie ungefähr neunzig Jahre alt war. In dieser Zeit glaubte sie zum ersten Mal, daß sie ein Baby bekommen würde. Sie wußte sogar tief im Herzen, daß sie einen Sohn bekommen würde – und das mit circa neunzig Jahren! Dafür brauchte man eine Menge Glauben!

Sara war mit neunzig keinesfalls eine runzelige Greisin. Sie behielt immer noch eine königliche Schönheit, die die Aufmerksamkeit von Fremden erregte. Aber neunzig ist überall ein hohes Alter, und sie war mit neunzig mit Sicherheit zu alt, um Kinder zu bekommen. Sie hatte noch nie Kinder gehabt, und menschlich gesehen gab es nicht die geringste Chance, daß sie im hohen Alter eines bekommen würde.

Abraham hatte es sicherlich nicht erwartet. Er hatte sogar gelacht, als der Herr ihm sagte, er würde von Sara einen Sohn bekommen, und er dachte im stillen: *»Aber sicher doch!«* Sara hatte auch gelacht (1. Mose 17, 17; 18, 12). Sie hatte schon zu viele Enttäuschungen erlitten, um sich von törichten Hoffnungen froh machen zu lassen.

Aber war dies denn eine törichte Hoffnung? Es wäre töricht gewesen, wenn sie es sich selbst ausgedacht oder es geträumt hätte. Aber Gott hatte das Thema des Sohnes aufgebracht. Es war sein Plan und nicht Abrahams Idee; das war der große Unterschied. Sara hatte die Unterhaltung belauscht und gelacht. Als sie aber darüber nachdachte, änderte sie ihre Meinung. Sie begann zu glauben, daß Gott ihr ein Kind schenken würde. Der Grund liegt darin, daß sie »den für treu achtete, der die Verheißung gegeben hatte« (Hebräer 11, 11). So einfach ist das. Sara war nicht dumm. Sie wußte genau wie jeder andere, daß neunzigjährige Frauen keine Kinder mehr bekommen. Es geht einfach nicht! Aber Gott hatte es ihr trotzdem

versprochen. Wenn er es versprochen hatte, dann brauchte sie keinen weiteren Beweis.
Gott kann alles tun. Jeder weiß das, und man braucht kein allzu großes Vertrauen, um das zu glauben. Aber wird er es tun? Das ist die große Frage. Wird er?
In Saras Fall lautete die große Frage nicht, ob Gott wollte. Er hatte ja überhaupt erst den Plan gefaßt! Sie brauchte Vertrauen um zu glauben, daß Gott meinte, was er gesagt hatte. Sara mag sich im stillen gesagt haben: »Vielleicht habe ich ihn falsch verstanden.« Glauben ist immer, bei allem, was man mit Gott unternimmt, notwendig. Später mag Sara vielleicht entdeckt haben, daß der Glaube für den ganzen Prozeß der Empfängnis und der Geburt von grundlegender Bedeutung war. Die Bibel sagt: »Durch Glauben empfing ... Sara Kraft, Nachkommenschaft zu zeugen, und zwar über die geeignete Zeit des Alters hinaus« (Hebräer 11, 11). Die logische Folgerung ist also, daß sie nicht empfangen hätte, wenn sie der Verheißung Gottes nicht geglaubt hätte.
Entscheidend ist demnach immer der Glaube. Die Erfüllung von Gottes besten Verheißungen ist davon abhängig. Nimm einmal das Versprechen der Erlösung. Gott bietet sie völlig kostenlos an; aber nur diejenigen, die ihm glauben, erhalten die Vergebung der Sünden und die Rettung ihrer Seelen.
In ihrem hohen Alter, als sie hoffnungslos enttäuscht, ja sogar zynisch hätte sein können, glaubte Sara Gott. Nur wenige Tage später spürte sie die Regungen neuen Lebens in sich, und sie wußte, daß man sich auf das Wort des Gottes, dem sie vertraute, verlassen konnte.
Vielleicht war Isaaks Geburt genauso schmerzvoll, wie die eines jeden anderen Kindes, aber niemand erinnerte sich je daran. Abraham vergaß nie den Tag oder die Eindrücke, die sich für immer in sein Gedächtnis eingeprägt hatten, aber weder er noch seine Frau erinnerten sich an irgendwelche Schmerzen. Sie waren sich der Treue Gottes bewußt. »Der Herr hat Sara gegeben, was er ihr versprochen hatte« sagte Abraham jedem, der es hören wollte. Sie waren sich auch der Freude bewußt. Der Bericht sagt, daß Sara lachte. »Gott hat mir ein Lachen bereitet«; sagte sie und fügte hinzu: »jeder, der es hört, wird mit mir lachen« (1. Mose 21, 6).

Die Bitterkeit jener unfruchtbaren Jahre war vergangen. Die Verachtung, die sie für Hagar empfunden hatte, und das geringschätzige Kichern, mit dem sie auf Gottes Ankündigung, daß sie, die alte Sara, ein Kind bekommen sollte, reagiert hatte – all das war vergessen. Mit dem Sohn an ihrer Brust konnte sie nur noch vor Freude lachen. Und diejenigen, die mit ihr lachten, verspürten dieselbe jubelnde Freude.

Von unserem Standpunkt aus ist es leicht zu erkennen, warum Gott sie so lange warten ließ. Isaaks Geburt wurde so lange aufgeschoben, bis es selbst für Abraham und Sara offensichtlich war, daß seine Geburt ein Geschenk Gottes war. Es ist ganz eindeutig, daß diese Geburt übernatürlich war. Isaaks Geburt war ein Hinweis auf die Geburt unseres Herrn, der von einer Jungfrau geboren wurde. Der Engel erklärte seiner Mutter Maria: »Der Heilige Geist wird über dich kommen, und Kraft des Höchsten wird dich überschatten; darum wird auch das Heilige, das geboren werden wird, Sohn Gottes genannt werden« (Lukas 1, 35). So geschah es: der allerhöchste Gott, der Sara befähigte zu empfangen, sandte Jahrhunderte später seinen Sohn von einer Frau geboren. Wie der Apostel Paulus hinzufügte, geschah es, »als . . . die Fülle der Zeit kam« (Galater 4, 4). Gott handelt offensichtlich immer genau zur richtigen Zeit.

Kapitel 35

Das Fest ist vorbei

Als Isaak geboren wurde, gab es keine Kaufhäuser mit konservierter Babynahrung in den Regalen, und keine Bücher, die einem sagten, wie man Säuglingsnahrung herstellt. Daher stillte Sara Isaak. Aber schließlich entschloß sich Sara, ihn zu entwöhnen, d. h. ihn auf feste Nahrung umzustellen, die er brauchte, um zu einem Mann heranzuwachsen.

Nun werden Babies nicht von heute auf morgen entwöhnt. Ein Kind braucht einige Zeit, um sich an die neue Beziehung zu seiner Mutter zu gewöhnen. Ein entwöhntes Kind erhält Trost und Liebe von seiner Mutter. David sprach von seiner Beziehung zum Herrn wie von der eines entwöhnten Kindes zu seiner Mutter. »Wie ein entwöhntes Kind ist meine Seele in mir«, heißt es. Damit wollte er sagen, daß er sich in Gottes Pläne für sein Leben gefügt hatte und damit zufrieden war, von Gottes liebenden Armen umgeben zu sein. Man braucht Zeit, um zu lernen, sich mit Gott allein zu begnügen, ebenso wie man Zeit braucht, ein Kind zu entwöhnen.

Als Sara ihrem Mann Abraham dies mitteilte, schaute er sich den Jungen an und sah in ihm den Mann, der er einmal sein würde. Er lachte laut vor Freude und rief die Knechte. »Geht und schlachtet das gemästete Kalb!«, befahl er. Abraham wollte ein Fest feiern – das erste Geburtstags- oder besser Entwöhnungsfest in der Bibel. Die Bibel sagt, daß es ein »großes Mahl« war (1. Mose 21, 8). Isaaks Entwöhnungsfest sollte großartig werden, aber es endete mit einem großen Streit, bei dem Sara verlangte, daß Hagar und Ismael aus dem Lager geworfen würden. Die Nachbarn, die zu der Feier gekommen waren, gingen traurig nach Hause, enttäuscht darüber, daß sich das Lachen so plötzlich in Geschrei und wütende Anklagen verwandelt hatte. Für sie war es peinlich, auf einmal zwischen zwei streitenden Parteien zu stehen: Sara auf der einen Seite, und Hagar

und Ismael, und vielleicht sogar Abraham, auf der anderen Seite. Sie machten sich unbemerkt davon.
Was Ismael betrifft, so war das ganze für ihn von Anfang an kein Freuden-Fest. Schließlich war Isaak eine direkte Bedrohung für seine Stellung in Abrahams Haushalt. Bis zu Isaaks unerwarteter Ankunft war Ismael Abrahams einziger Sohn gewesen. Was machte es schon aus, daß seine Mutter ein Niemand war? Sein Vater liebte ihn von ganzem Herzen und behandelte ihn so, als ob er eines Tages den ganzen Besitz übernehmen sollte. Ismael war ein aufgeweckter Junge und lernte früh in seinem Leben, Sara aus dem Weg zu gehen. Die ersten fünfzehn Jahre seines Lebens waren daher glückliche Jahre.
Dann wurde Isaak geboren; zum ersten Mal in seinem Leben fühlte Ismael sich bedroht und unsicher. Sara mag gejubelt haben, daß ihr Gott in ihrem hohen Alter noch ein Lachen geschenkt hatte, aber in Hagars Zelt war Isaaks Geburt kein Grund zum Lachen. Die Sklavenmutter und ihr Sohn sahen beide darin eine Katastrophe.
Hagar war in Bezug auf ihren Sohn genauso ehrgeizig, wie Sara in Bezug auf den ihren. Daher machte sie sich in zunehmendem Maße Sorgen um Ismaels Chancen, zumindest einen Teil von Abrahams Reichtum zu erben. Aber bis zum Entwöhnungsfest verhielt sie sich ruhig. Dann wurde jedoch klar, daß Isaak alles bekommen würde. Ismael sollte nichts erhalten. Hagar erkannte das schnell; sie erzählte ihrem Sohn von der Bedeutung des sogenannten Festes: es war eine Art öffentliche Verlesung von Abrahams Testament.
Das war der Zeitpunkt, wo Ismael begann, seinen kleinen Bruder einzuschüchtern. Er setzte ihm erbarmungslos zu, bis Isaak weinend zu seiner Mutter lief. Abraham, der die ganze Geschichte hörte, mag sich an die Warnung erinnert haben, die Hagar früher von einem Engel erhalten hatte, nämlich, daß Ismael ein wilder Mensch werden würde, dessen Hand gegen jeden sein würde. Falls er sich daran erinnerte, mag er traurig darüber nachgedacht haben, daß Ismael schon jetzt, wo er noch ein Junge war, Anzeichen dieser gefährlichen Neigung, die der Engel erwähnt hatte, zeigte. Wahrscheinlich wußte er, was heute viele wissen, nämlich daß fast jeder Mensch schon früh in seinem Leben beginnt, Entscheidungen zu fällen. Der Dichter Wordsworth sagte diesbezüglich: »Das Kind ist

der Vater des Mannes.« So wurde Ismael ein wilder Mensch, indem er noch als Junge, seinem Ärger und Groll nachgab.
Dies war auch das Ende einer unerfreulichen Regelung, die Sara geärgert hatte. Fünfzehn Jahre lang hatte Sara Hagar und ihren Sohn ertragen. Solange ihr Stolz als einziges auf dem Spiel stand, war sie bereit, Hagars und Ismaels Gegenwart im Lager zu ertragen. Aber als sie sah, wie Ismael Isaak verfolgte, wehrte sie sich. Ihre Mutterinstinkte reagierten sofort. Ismaels Verhalten war kein Scherz. In Saras Augen stellte er Isaaks Erbrecht in Frage. Ismael mußte gehen. »Wirf beide hinaus«, forderte sie.
In unserer Zeit klingt das herzlos. Aber der Apostel Paulus wußte, daß dieser Vorfall für die Christen eine sehr große Bedeutung hatte. Er schrieb, daß diese Angelegenheit ein Allegorie sei (Galater 4, 21–31), wobei er meinte, daß hinter den historischen Tatsachen tiefgründige, geistliche Lektionen stehen. War Sara hart zu Hagar und Ismael? Vielleicht, aber unter den gegebenen Umständen war dies die einzig mögliche Lösung für ein ernstes Problem. Die einzige Lösung für viele Probleme, unter denen die Seele eines Christen leidet, ist, die Lüste des Fleisches auszutreiben, die die Gnade Gottes hindern. Hagar und ihr Sohn sind demnach ein Symbol für unsere fleischliche Natur, die, wenn man sie toleriert, das Wachstum des neuen Menschen in Christus Jesus bedroht. »Treibe diese Magd . . . hinaus!« forderte Sara (1. Mose 21, 10; vergleiche Galater 4, 30). Genauso erwartet Gott von uns, daß wir aus unserem Leben jeden schlechten Wunsch und jede falsche Gewohnheit treiben, die in einer erlösten Seele keinen Platz haben sollte.

Kapitel 36

Das Gebet eines verlorenen Vaters

Ob es Abraham leichtfiel zu glauben, daß Gott einen Plan für sein Leben hatte, können wir nicht exakt beantworten. Er verließ sein Land und seine Verwandten als noch verhältnismäßig junger Mann, in der Gewißheit, daß Gott ihn gerufen hatte. Alle Brücken brach er hinter sich ab. In den folgenden Jahren durchlebte er mehrere große Krisen und wurde jedes Mal stärker im Glauben. Er wußte, daß Gott mit ihm war. Viel schwerer war es zu glauben, daß Gott einen Plan mit seinem Sohn Ismael hatte.

Abraham war wie viele christliche Eltern, deren natürliche Sorge um ihre Kinder außer Kontrolle gerät. Ihre Besorgnis läßt sie vergessen, daß Gott ihre Kinder mit einer viel zärtlicheren Liebe liebt, als sie selbst es können, und daß er niemals aufhört, an sie zu denken und für sie zu planen. Aber Gottes Pläne für sie schließen nicht die übergenauen Vorkehrungen so vieler Eltern ein, die meinen, ihre Kinder wären gescheitert, wenn sie nicht eine Kopie ihrer selbst würden.

Gott plant, und in seinen Plänen ist so viel Segen enthalten, wie man überhaupt nur empfangen kann. Abraham brauchte ein bitteres Erlebnis um diese Lektion zu lernen.

Für ihn war die Situation überaus qualvoll. Er war auf einmal gezwungen, zwischen seinen Söhnen zu wählen. Sara gab eindeutig zu verstehen, daß es keine dritte Möglichkeit gäbe. Wenn sie nur die Vertreibung von Hagar verlangt hätte, hätte Abraham vielleicht mit einem Gefühl der Erleichterung zugestimmt. Kein Haushalt ist groß genug für zwei Frauen, die einander hassen. Aber Abraham liebte Ismael. Er liebte den Jungen, und deshalb waren Saras Friedensbedingungen eine bittere Pille für ihn. Die Bibel sagt: »Und die Sache war sehr übel in den Augen Abrahams um seines Sohnes willen« (1. Mose 21, 11).

In der Nacht erschien ihm Gott und forderte ihn auf Mut zu fassen.

Die Lage, sagte Gott, sei nicht ganz so verheerend, wie es schiene. Dann bestätigte ihm der Herr, daß Isaak in der Tat sein rechtmäßiger Erbe sei. Abrahams Nachkommen würden von Isaak stammen. Aber Gott versprach ihm auch – und dies tröstete Abraham damals sehr – daß er auch aus Ismael eine große Nation machen würde, denn er sei ebenfalls Abrahams Same (1. Mose 21, 13).
Es war eine der schönsten Nächte in Abrahams Leben. Er erkannte, daß Gott über Ismael wachte und daß er den Jungen, trotz der widrigen Umstände gewißlich segnen würde. Er lernte auch, daß Gott das Gebet der Eltern für ihre Kinder beantwortet. »Und um Ismael«, sprach Gott zu Abraham, »habe ich dich erhört: Siehe, ich habe ihn gesegnet« (17, 20).
Hagar stand früh morgens auf. Abraham bestätigte ihre Befürchtungen. Sie mußte gehen. Er füllte eine Flasche mit Wasser und hing sie ihr persönlich über die Schulter; und er füllte einen Rucksack mit Brot und gab ihn ihr. Weinend nahm er Abschied und beobachtete, wie der Junge und seine Mutter schnell auf die Wüste von Beersheba zuwanderten.
In Abrahams Augen war es schrecklich, so handeln zu müssen und dennoch weigerte sich Gott einzugreifen. Er ließ zu, daß sich die Familientragödie bis zur letzten bitteren Szene abwickelte. Daher hatte Abraham keine annehmbare Alternative, außer der, Ismael wegzuschicken – einen störenden und dennoch treuen Sohn, den der verlorene Vater in das ferne Land schickte.
Aber war es wirklich ein fernes Land? Nicht im geringsten. Die Bibel sagt: »Und Gott war mit dem Knaben, und er wuchs heran« (21, 10). Die Wüste, in der er lebte und jagte, war kein Ort, für ein leichtes Leben. Jagen ist schwerer als Schafe hüten oder, wie es bei Isaak der Fall war, Chef der Schäfer zu sein. Ismaels Lebensstandard war entscheidend niedriger als Isaaks. In wirtschaftlicher Hinsicht war er beraubt worden. Aber machte das etwas aus? Absolut nichts! Alles was zählte war Gottes verheißener Beistand. Gott erfüllte jedes Versprechen, das er Abraham in Bezug auf Ismael gegeben hatte. Er gab ihm Söhne und machte ihn zu einer mächtigen Nation. Dies war ein zusätzliches Geschenk.
Was uns Christen betrifft, so hat sich Gott zu nichts anderem verpflichtet, als uns zu lieben und mit uns zu sein. »Ich will dich

nicht versäumen noch verlassen«, verspricht er (Hebräer 13, 5). Das ist das einzige, was wirklich zählt, selbst wenn der Schrank leer ist.

Es gibt keinen Hinweis, daß sich Abraham und Ismael je wiedersahen. Ismael kehrte erst nach Abrahams Tod an seine frühere Heimatstätte zurück, und auch dann nur, um bei der Beerdigung des alten Mannes zu helfen. Während er Erde in das Grab schaufelte, erinnerte er sich vielleicht an etwas, was ihn in all den Jahren oft beschäftigt hatte – daß ihm sein Vater, obwohl er ihm nichts vererbt hatte, doch die Freiheit gegeben hatte. Allerdings hatte er die Freiheit auf eine Weise erhalten, die er weder erwartet noch gewählt hätte.

Christen wissen, daß Gott oft schwierige Umstände zu einem Pfad des Segens werden läßt. Josephs Brüder verkauften ihn als Sklaven, aber Gott benutzte diese Untat, um Joseph zum Premierminister Ägyptens zu machen. »Gott *aber* hatte im Sinne, es gut zu machen«, erklärte Joseph (1. Mose 50, 20). Die Feinde des Apostels Paulus warfen ihn ins Gefängnis, aber Gott gedachte auch hier, etwas Gutes daraus zu machen. Paulus berichtete, daß sich diese beschwerlichen Umstände als förderlich für die Verbreitung des Evangeliums erwiesen (Philipper 1, 12).

»Wir wissen aber«, schrieb er, »daß denen, die Gott lieben, alle Dinge zum Guten mitwirken« (Römer 8, 28).

Kapitel 37

Östlich von Eden

Hagar hatte keine Ahnung, wohin sie ging, genauso wenig wie Adam und Eva, die »Hand in Hand langsam ihre Schritte nach östlich von Eden wandten« (Milton). Östlich von Eden – dorthin ging sie, irgendwohin östlich des Paradieses – denn das war Abrahams Haushalt gewesen, bevor jeder der Versuchung nachgegeben und verbotene Früchte gegessen hatte. So, wie Adam und Eva fanden auch sie einen Wurm im Innersten der Frucht, und sein Geschmack war bitter. Niemals war sich Hagar des Betrugs der Sünde und ihrer Bitterkeit mehr bewußt als in diesem Moment.

Sie ging schnell davon, damit Abraham ihre Tränen nicht sah. Neben ihr schritt ihr Sohn Ismael. Er war fünfzehn; aber in den früheren Zeiten, als die Menschen viel länger lebten als heutzutage, wurde er noch als ein Kind angesehen. Hagar nahm seine Hand. Auf halbem Wege nach nirgendwo ging die Sonne über ihnen auf, und als die Sonne unterging, waren sie immer noch nirgendwo. Mehrere Tage später schritten sie immer noch mühsam vorwärts und irrten – ohne bestimmtes Ziel – in der Wüste von Beersheba umher (sie wurde damals allerdings noch nicht so genannt). Sie waren todmüde.

Schließlich ging ihnen das Wasser aus. Hagar schüttelte das Gefäß, in der Hoffnung, ein paar Tropfen für Ismael herauszubekommen, aber es war trocken. Der Junge stieß mit seinen ausgedörrten Lippen einen Schrei der Verzweiflung aus. Dann brach er zusammen. Hagar schleifte ihn unter einen Busch. Dann ging sie etwa einen Bogenschuß weit weg und betete.

Ihr Gebet war eine bescheidene Bitte. Es war eine Bitte, die ein Sklave stellen würde. »Daß ich das Sterben des Kindes nicht ansehe!« betete sie (1. Mose 21, 16). Dann begann sie zu weinen, und ihr Körper schüttelte sich vor Schluchzen; aber durch das Geräusch ihres eigenen Weinens hindurch konnte sie die Schreie

ihres Sohnes hören. Die Verzweiflung in seiner Stimme bohrte sich wie ein Messer in ihr Herz.
Sara wäre erstaunt gewesen, hätte sie sie gesehen und gehört. In ihrem Groll gegen Hagar hatte sie ganz vergessen, daß Hagar eine Frau war, die weinen konnte. Auch in Ismael hatte sie nie einen Jungen gesehen, der weinend nach seiner Mutter verlangen konnte, einen richtigen Jungen, der müde und durstig werden und in der Wüste sterben konnte. Wenn sie sich je die Zeit genommen hätte, darüber nachzudenken, hätte sie vielleicht gezögert, Abraham zu veranlassen, Mutter und Kind wie wilde Tiere auszusetzen.
Da erschien plötzlich der Engel des Herrn und rief der Hagar: »Was ist dir, Hagar?« Hagar hätte vielleicht geantwortet, daß sehr viel mit ihr los war, aber der Engel fuhr fort: »Fürchte dich nicht! denn Gott hat auf die Stimme des Knaben gehört, da, wo er ist« (1. Mose 21, 17).
Vielleicht erinnerte sich Hagar an die Stimme und erkannte sie wieder. Vor Jahren war sie einmal in die Wüste geflohen, um dem Zorn Saras zu entgehen, und derselbe Engel hatte sie gefunden und mit ihr gesprochen. Als Erinnerung an das Erlebnis hatte sie den Brunnen, an dem es passiert war, »Beer-lahai-roi« genannt, was bedeutet, »Brunnen des Lebendigen, der mich sieht«. Aber das war lange her. In all den Jahren hatte Hagar vergessen, daß Gott sieht und sich um einen kümmert. Jetzt, als sie dem Engel zuhörte, entdeckte sie diese Wahrheit neu: Gott sieht uns und kümmert sich um uns.
Die Bibel sagt: »Gott öffnete ihre Augen, und sie sah einen Brunnen.« Der Brunnen war schon die ganze Zeit dagewesen, aber in ihrer Not hatte sie ihn nicht gesehen. Sie war nicht eher fähig zu sehen, als bis sie die Wahrheit wieder entdeckte, daß Gott sieht und sich um einen kümmert. Dann entdeckte sie, daß die Hilfe ganz nahe war.
Der Apostel Paulus dachte vielleicht an diesen Vorfall, als er von Sorge geplagten Christen in einer Stadt namens Philippi schrieb. »Der Herr ist nahe«, schrieb er. Deshalb »seid um nichts besorgt, sondern laßt in allem durch Gebet und Flehen mit Danksagung eure Anliegen vor Gott kundwerden« (Philipper 4, 5–6). Wenn Gott nahe ist, verfliegen die Sorgen. Dann, sagt Paulus, wird »der Friede

Gottes, der allen Verstand übersteigt, ... eure Herzen und eure Gedanken bewahren in Christus Jesus« (Vers 7). Als sich Hagars sorgenvolles Herz wieder beruhigte, sah sie zum zweiten Mal in ihrem Leben Ströme in der Wüste (vergleiche Jesaja 35, 6; Psalm 78, 16 und 20).

Kapitel 38

Der beste Verbündete

In den Jahren, die ihrer ersten Begegnung in Gerar folgten, ließ Abimelech Abraham nicht aus den Augen. Er wußte, was in der Familie vor sich ging, auch, daß Sara in ihrem hohen Alter schwanger geworden war. Er wußte, wann Isaak geboren wurde. Seine Spione hielten ihn auf dem laufenden. Vielleicht war Abimelech auf dem Fest, das Abraham für Isaak gab, als er entwöhnt wurde. Wenn er da war, erlebte er vielleicht den Tumult mit, der ausbrach, als Sara die Verstoßung Hagars und Ismaels verlangte.
Später erfuhr Abimelech, daß Ismael seine Feuerprobe in der Wüste überlebt hatte und daß Gott versprochen hatte, ihn zu einer großen Nation zu machen. Es war kein Geheimnis, was Gott für Hagar und Ismael getan hatte, und Abimelech hörte die Geschichte.
Abimelech wußte auch, daß Gott versprochen hatte, Abraham durch Isaak zu einer großen Nation zu machen. Also waren beide Söhne Abrahams dazu bestimmt, mächtige Familien zu gründen. Stellten sie eine Bedrohung für ihn und sein Volk dar? Würden Abraham und seine Söhne um den Besitz des Landes kämpfen? Abimelech wußte es nicht. Er wußte nur, daß Abraham in allem, was er tat, Glück hatte. Oder war es etwas anderes? War es wirklich Glück? Ein bißchen Zauberei? Wie kam es, daß ihm alles gelang, was er tat? War Gott mit Abraham?
Als er darüber nachdachte, erkannte Abimelech, daß es Gott und nicht Glück war, das Abraham mächtig gemacht hatte. Er verstand Abrahams Zunamen: Freund Gottes. *»Gott ist auf Abrahams Seite«*, dachte er, *»das erklärt all sein scheinbares Glück.«* »Gott ist mit dir in allem, was du tust«, sagte er Abraham (1. Mose 21, 22). Abimelech beneidete ihn um das Gefühl der Sicherheit, das solch einer Beziehung eigen ist.
Warum kam Abimelech und bat um die Gunst eines harmlosen alten Mannes, der noch nicht einmal einen Rechtsanspruch auf das

Land hatte, auf dem er wohnte? Abimelech selbst gab die Antwort: er wußte, daß selbst eine Armee von Berufssoldaten gegenüber einem Mann, der Gott auf seiner Seite hat, machtlos ist. Dieser heidnische König wußte, was selbst Christen, die es besser wissen sollten, manchmal bezweiflen: daß Gott ein Schild und ein Beschützer für alle die ist, die auf ihn vertrauen.

So kam er also mit der Krone in der Hand zu dem Patriarchen. »So schwöre . . . daß du weder an mir noch an meinem Sohne, noch an meinem Enkel trüglich handeln wirst«, bat er (Vers 23). Das war eine recht erstaunliche Bitte einem Mann gegenüber, der ihn beim ersten Treffen so erbärmlich betrogen hatte.

Abrahams Leben hatte Abimelech über jeden Zweifel hinaus bewiesen, daß er ein Mann Gottes war. Deshalb bat er um nichts weiter, als Abrahams Wort.

»Ich will schwören«, erwiderte Abraham (Vers 24), und Abimelech glaubte ihm. Abrahams Wort war alles, was er brauchte.

Kapitel 39

Prüfung oder Versuchung?

Wenn Abraham glaubte, er könne es sich in seinem Alter bequem machen, irrte er sich. Gerade jetzt, nach einem Leben voller Prüfungen, mußte er die härteste aller Prüfungen bestehen. Die Bibel schreibt ganz schlicht: »Und es geschah nach diesen Dingen, daß Gott den Abraham versuchte« (1. Mose 22, 1).

Gott forderte Abraham auf, seinen Sohn Isaak als Brandopfer zu opfern, d. h. er sollte ihn auf einem Altar opfern, als ob er ein Tier seiner Herde wäre und nicht sein Sohn.

An dieser Stelle ist es wichtig, sich daran zu erinnern, daß in den meisten Überarbeitungen der alten Bibelübersetzungen das Wort »versuchte« in »prüfte« umgeändert wurde. Es gibt einen guten Grund dafür. Heute hat das Wort »versuchen« fast immer die Bedeutung der Verlockung zur Sünde. Aber hätte Gott Abraham dazu verleitet, Sünde zu begehen? Nie! In seinem Brief schreibt Jakobus: »Niemand sage, wenn er versucht wird: Ich werde von Gott versucht. Denn Gott kann nicht versucht werden vom Bösen, er selbst aber versucht niemand« (1, 13). Jakobus erklärt, daß Gott niemals der Ursprung einer Versuchung zur Sünde sei. Der Ursprung liegt für gewöhnlich in der Natur des Menschen selbst.

Die alte Übersetzung »Und es geschah . . ., daß Gott den Abraham versuchte« ist also heute mißverständlich. Was der Schreiber des ersten Buches Mose sagen wollte, war, daß Gott Abraham *prüfte*.

Die Prüfung sollte eine Demonstration seiner Liebe zu Gott sein.

Aus Abrahams Sicht kann das Erlebnis allerdings auch eine Versuchung gewesen sein, denn es gab immer die Möglichkeit, daß er versagen und die Prüfung nicht bestehen würde. Angenommen, er hätte sich geweigert, Gottes Befehl zu gehorchen. Wäre das nicht Sünde gewesen? Natürlich! In solch einem Fall hätte sich das, was Gott als eine Prüfung oder eine Demonstration von Abrahams Liebe zu ihm vorgesehen hatte, als etwas anderes erwiesen.

Natürlich wußte Gott, was er tat. So, wie er alles weiß, wußte er, daß Abraham seinen Befehlen auf den Buchstaben genau gehorchen würde. Abraham mag Zweifel über den Ausgang der Prüfung gehabt haben, aber Gott hatte keine Zweifel. Das bedeutet nicht, daß Gott Abraham programmiert hätte. Es gab keinen versteckten Zwang und keine Tricks, die Gott für den Notfall in Reserve hatte, um Abraham auf dem geraden Weg zu halten. Zumindest theoretisch gab es immer die sehr reale Möglichkeit, daß Abraham sündigte. Aber Gott wußte, daß er es nicht tun würde.

Er wußte, daß Abrahams Glaube fast bis zum Zerbrechen belastet werden würde. Ebenso aber wußte er auch, daß Abraham nicht zerbrechen würde; sein Glaube an Gott war stark genug, um ihn durch etwas hindurchzutragen, was sich als äußerst qualvolles Erlebnis erweisen würde. Gott setzt seine Diener nicht vorsätzlich Versuchungen aus, die darauf zugeschnitten sind, sie zu verführen. Unser Herr lehrte uns zu beten: »Unser Vater, der (du bist) in den Himmeln, . . . führe uns nicht in Versuchung, sondern errette uns von dem Bösen« (Matthäus 6, 9 + 13). Gott zwingt uns nicht in Umstände hinein, in denen unser Versagen als Christen von vornherein feststeht.

Gott weiß immer, wie wir auf Versuchungen, die in unser Leben kommen, reagieren werden. Der Apostel Petrus schrieb, daß wir »jetzt eine kleine Zeit, wenn es nötig ist, in mancherlei Versuchungen betrübt« worden sind. Warum? Petrus erklärt: ». . . damit die Bewährung eures Glaubens viel köstlicher erfunden wird . . . zu Lob und Herrlichkeit und Ehre in der Offenbarung Jesu Christi« (1. Petrus 1, 6–7). Gott läßt also Erlebnisse, die in unser Leben kommen und unseren Glauben stark prüfen, entweder zu, oder er sendet sie uns. Er weiß daß diese Prüfungen gut für uns sind, ganz gleich, wie schmerzvoll sie sein mögen. Überlege einmal, wie uninteressant wir als Glaubende wären, wenn wir nie geprüft würden!

Das Leben besteht aus ständigen Prüfungen. Allein dadurch, daß wir am Leben sind und in dieser Welt bestehen müssen, werden wir ständig mit Menschen und Dingen, in Kontakt gebracht die uns prüfen, ob wir zu Gott oder zu Satan gehören. Jakobus gibt zu, daß alle möglichen Versuchungen in unser Leben kommen (Jakobus 1,

12). Das schließt Versuchungen zur Sünde mit ein. Gott wählt unsere Nachbarn nicht besonders aus, nur um uns vor dem schlechten Einfluß irgendwelcher Leute zu bewahren, die uns zur Sünde verleiten könnten. Wir leben nicht getrennt von anderen Menschen. Es gibt keinen kugelsicheren, maßgeschneiderten Glaskasten für uns, um uns vor den Versuchungen zu schützen, die andere Menschen plagen. Daher finden wir uns in Situationen wieder, in denen Sünde eine absolut denkbare Möglichkeit ist.
Aber für uns Christen gibt es auch noch einen anderen Gesichtspunkt: Gott hat versprochen, »mit der Versuchung auch den Ausgang zu schaffen, so daß ihr sie ertragen könnt« (1. Korinther 10, 13). Gott führt uns nicht in Versuchung. Er ist nicht persönlich für all die Umstände unseres Lebens verantwortlich. Aber er ist immer da. »Ich will dich nicht versäumen noch verlassen«, versprach er (Hebräer 13, 5). »Ich werde nicht zulassen, daß ihr über euer Vermögen versucht werdet ... Ich werde den Ausgang schaffen« (vergleiche 1. Korinther 10, 13).
Wenn man all dies weiß, sollte es ein ganzes Stück leichter sein, Versuchung zu ertragen und als Christ zu wachsen.

Kapitel 40

Das Herz des Vaters

Als Abraham Gottes Anweisung, Isaak zu opfern, hörte, dachte er vielleicht, er habe falsch verstanden. Normalerweise kamen Gottes Signale laut und klar bei ihm an. Selten war es schwierig, sie zu verstehen. Aber nun befand sich Abraham in einem Dilemma: Gottes Botschaften schienen einander zu widersprechen. Wenn das ursprüngliche Versprechen eines Sohnes, durch den Gott Abraham zum Vater von Nationen machen wollte, wahr war, wenn es wirklich von Gott gekommen war – und das war es offensichtlich, denn die alte Sara hatte tatsächlich einen Sohn bekommen – konnte dann dieser neue Befehl echt sein? War es tatsächlich Gott, der ihm befohlen hatte, Isaak aufzugeben?

Natürlich wußte er, daß er nicht einen Alptraum oder eine Wahnvorstellung gehabt hatte. Wenn der Schmerz es ihm auch unaussprechlich schwer machte, dies zu akzeptieren, so wußte er doch, daß Gott tatsächlich gesprochen hatte. Indem er dieses harte Wort vom Herrn annahm – ein Wort, welches das ursprüngliche Versprechen ungültig zu machen schien – handelte Abraham im Glauben. Der Glaube, den er in jener Nacht hatte, war kein leichter Glaube. Aber er war vielleicht größer, als zu irgendeiner anderen Zeit in seinem Leben, denn mit diesem Glauben akzeptierte er die scheinbaren Widersprüche in Gottes Willen.

Die Geschichte von Abrahams Prüfung wird auffallend knapp erzählt. Der Schreiber sagt einfach: »Und Abraham stand des Morgens früh auf und sattelte seinen Esel und nahm mit sich zwei von seinen Knaben und Isaak, seinen Sohn; und er spaltete Holz zum Brandopfer und machte sich auf und zog hin an den Ort, den Gott ihm gesagt hatte« (1. Mose 22, 3).

Wenn man dies liest, vermutet man nichts von der Qual, die Abraham sicherlich verspürte. Stell dir vor, was es für diesen alten Mann bedeutet haben muß, als sein Gott, den er als seinen Schild und sehr großen Lohn liebte, plötzlich seinen liebsten irdischen Schatz von ihm verlangte. Brannte er vor Wut? Verbrachte er die Nacht damit, gegen Gott zu toben oder zu schmollen, wie wir es manchmal tun, wenn uns diejenigen, die wir lieben, genommen werden? Oder konzentrierten sich alle seine Gedanken auf Isaak?

Vermutlich durchlebte Abraham noch einmal all die Jahre von Isaaks Leben – wie ein Vater, der um seinen einzigen Sohn trauert. Er erinnerte sich an den Tag, als Isaak geboren wurde. Er erinnerte sich an sein eigenes Lachen an jenem Tag. Er und Sara, die schon so lange auf einen Sohn gewartet hatte, konnten sich vor Freude kaum fassen. Abraham hatte gelächelt, als er das zarte Schreien des neugeborenen Kindes hörte, aber ein Lächeln konnte unmöglich seine Freude ausdrücken. Er hatte vor Freude gejubelt. Daran erinnerte sich Abraham jetzt. Er erinnerte sich an die Zeit, als Isaak ein Säugling war, und ebenso an Isaak als kleinen Jungen, der sich nicht gegen seinen älteren Bruder Ismael verteidigen konnte. Abraham hatte keine Photoalben und keine Kinderbilder, aber das Gesicht Isaaks in jedem Stadium seines Lebens, von der frühen Kindheit an, war in Abrahams Gedächtnis eingeätzt. In seinen Gedanken konnte er den Jungen ständig sehen, selbst, wenn sie Kilometer von einander entfernt und mit verschiedenen Arbeiten beschäftigt waren.

Als er in jener Nacht auf Isaaks Leben zurückblickte, litt Abraham, wie nur solche leiden können, die ihre Söhne sterben sehen. Aber wer kann diese Qual beschreiben? Salomo schrieb: »Das Herz kennt seine eigene Bitterkeit« (Sprüche 14, 10). Extremen Schmerz erleidet man allein. Solcher Schmerz hat etwas, was man mit niemandem teilen kann. Abrahams geheimer Schmerz wird in der Bibel nicht beschrieben. Keiner von uns könnte ihn verstehen oder ihn ausdrücken, wenn wir ihn verstehen könnten.

Aber Gott verstand. Fast jedes Wort in seinem Befehl an Abraham zeigt deutlich sein Verständnis für Abrahams tiefste Gefühle. »Nimm deinen Sohn«, sagte er, »deinen einzigen, den du lieb hast, den Isaak« – das Kind des Lachens (1. Mose 22, 2).

Und Gott nahm auch Anteil an diesem Schmerz. Er hörte seinen Diener weinen, und er sah seine Tränen. Er bewahrte diese Tränen auf (vergleiche Psalm 56, 8). Obgleich er den Wert des Leidens kennt und uns diese Erfahrung, die wir brauchen, um an Stärke zuzunehmen, nicht vorenthält, sorgt sich Gott immer, wenn seine Leute leiden.

Wir Christen haben einen Gott, der auch gelitten hat. Zu seinem vollkommenen Wissen und seiner vollkommenen Liebe kommt auch noch persönliche Erfahrung hinzu. Die Bibel sagt, daß der Herr Jesus in der Schule des Leidens Gehorsam lernte (Hebräer 5, 8). Er hätte dies nie tatsächlich lernen können, wäre er nicht Mensch geworden. Nun ist er unser Hoherpriester, der fähig ist, für unsere Schwächen Verständnis zu haben. Das gibt uns Zuversicht. »Laßt uns nun mit Freimütigkeit hinzutreten zum Thron der Gnade, damit wir Barmherzigkeit empfangen und Gnade finden zur rechtzeitigen Hilfe« (Hebräer 4, 16).

Kapitel 41

»Darum machte ich mein Angesicht wie einen Kieselstein . . .«

Abraham war von einem Ende Palästinas bis zum anderen gereist und kannte jeden Grenzstein. Als der Herr ihm befahl, Isaak als Brandopfer auf einem der Berge im Lande Morija zu opfern, wußte er, wohin er gehen mußte. Er war schon einmal dort gewesen. Also sattelte er seinen Esel und lud Vorräte für eine Reise auf, die, wie er wußte, sehr anstrengend werden würde. Er würde mindestens fünf Tage lang unterwegs sein.

Die Gruppe bestand aus vier Personen. Ein Maler hätte keine Schwierigkeiten, sie zu malen. Es wäre ziemlich einfach, einen alten Mann, der sich auf einen Esel stützte, mit einem Jungen und zwei jungen Männern, die schwerfällig hinter ihm hergingen zu skizzieren.

Vielleicht würde das Bild den bekannten Gemälden von der heiligen Familie auf der Flucht nach Ägypten ähneln. Auf solchen Gemälden ist allerdings für gewöhnlich ein heller Strahlenkranz, der Joseph, die Mutter und das Kind umgibt, zu sehen. Der Hintergrund mag dunkel sein, aber die zentralen Figuren sind strahlend hell gemalt. Würde ein Künstler Abraham und seine Begleiter so malen?

Wahrscheinlich nicht. Abraham wäre nicht von Licht umgeben. Das Licht läge in dem Bild hinter ihm, in der Richtung, aus der er gekommen war. Der Rest des Bildes wäre mit düsteren Farbtönen gemalt um, wenn möglich, die Dunkelheit in Abrahams Seele anzudeuten.

Wie würde der Künstler sein Gesicht malen? Würde er die Hoffnungslosigkeit zeigen, die er sicherlich verspürte, als er über die Opferung seines geliebten Sohnes nachdachte? Oder würde es nur grimmige Entschlossenheit darstellen, den Willen Gottes zu tun, ganz gleich, wieviel es kosten würde?

Richtete er sein Angesicht darauf, nach Morija zu gehen, wie es der Herr Jesus so viele Jahrhunderte später tat, als er zu seinem persönlichen Berg Morija reiste? Lukas schreibt über unseren Herrn: »Da richtete er sein Angesicht fest darauf, nach Jerusalem zu gehen« (Lukas 9, 51). Auch für ihn bedeutete die Ankunft dort Qual. Es gibt eine alte Prophetie, in der die Entscheidung unseres Herrn vorausgesagt wird:

> Ich bot meinen Rücken den Schlagenden und meine Wangen den Raufenden, mein Angesicht verbarg ich nicht vor Schmach und Speichel. Aber der Herr, Jehova, hilft mir; darum bin ich nicht zu Schanden geworden, darum machte ich mein Angesicht wie einen Kieselstein und wußte, daß ich nicht würde beschämt werden. Nahe ist der mich rechtfertigt (Jesaja 50, 6–8).

»Ich machte mein Angesicht wie einen Kieselstein«, sagte der leidende Reisende. Unverzüglicher und entschlossener Gehorsam brachte unseren Herrn zum Garten von Gethsemane. Das stärkte ihn, als er im inneren Kampf unter blutigem Schweiß betete: »Mein Vater, wenn es möglich ist, so gehe dieser Kelch an mir vorüber; doch nicht wie ich will, sondern wie du willst« (Matthäus 26, 39). »Nicht mein Wille, sondern dein Wille geschehe« und »Darum machte ich mein Angesicht wie einen Kieselstein.«

War das bloßer Stoizismus? War er nur entschlossen durchzuhalten, komme, was wolle? Nein, das war es nicht. Unser Herr sagte zu einer früheren Zeit, daß er immer das tue, was dem Vater gefiele (Johannes 8, 29). Im gleichen Atemzug aber wußte er auch, daß der Vater mit ihm sei. »Er hat mich nicht allein gelassen.« In der Prophetie, die schon zitiert wurde, drückt er es so aus: »Aber der Herr, Jehova, hilft mir; . . . darum machte ich mein Angesicht wie einen Kieselstein und wußte, daß ich nicht würde beschämt werden. Nahe ist der mich rechtfertigt.« Deshalb war er so entschlossen.

Abraham wußte auch, daß Gott mit ihm war. *»Sein Wille«*, dachte Abraham, *»ist völlig rätselhaft und sehr hart. Aber er ist bei mir.«* Deshalb machte auch er sein Angesicht hart wie einen Kieselstein.

Kapitel 42

Wenn ein Mann stirbt

Irgendwo zwischen Beersheba, wo er wohnte, und dem Land Morija, wohin er ging, machte Abraham eine erstaunliche Entdekkung: er erkannte wahrscheinlich zum ersten Mal in seinem Leben, daß Gott Tote auferwecken kann. Es ist nicht sicher, ob Gott ihm dies durch eine plötzliche, intuitive Erkenntnis mitteilte, oder ob er diese Wahrheit durch Nachdenken als logische Notwendigkeit erkannte. Aber soviel ist sicher: am dritten Tag der Reise, als er in Sichtweite des Berges war, auf den Gott ihn sandte, um Isaak zu opfern, wußte Abraham, daß sie beide, er und Isaak, wieder vom Berg herunterkommen würden.

Wir wissen dies, weil Abraham den beiden jungen Männern, die sie zum Land Morija begleitet hatten, sagte, sie sollten warten. »Bleibet hier mit dem Esel«, ordnete er an; »ich aber und der Knabe wollen bis dorthin gehen«. Dann fügte er etwas hinzu, was für die beiden jungen Männer keine Bedeutung hatte, was aber in Wirklichkeit von höchster Bedeutung war: »und (wir wollen) anbeten und *dann* zu euch zurückkehren« (1. Mose 22, 5).

Nun, dies beeindruckte jene jungen Männer wahrscheinlich nicht im geringsten. Sie nahmen natürlich an, daß, wenn Abraham und Isaak die Hänge des Berges hinaufkletterten und eine religiöse Zeremonie durchführten, sie irgendwann zurückkehren würden. Abraham sagte nichts davon, daß er Isaak opfern würde. Er hatte mit niemandem darüber gesprochen, nicht einmal mit seiner Frau Sara. Und während der Reise zu dem Platz, der für die Opferung Isaaks ausgesucht worden war, hatte Abraham seine Gedanken für sich behalten. Abends hatte er schweigend am Lagerfeuer vor sich hingebrütet oder nur das allernotwendigste gesagt. Isaak und auch die jungen Männer spürten, daß irgend etwas Abraham bedrückte. Aber sie hatten keine Ahnung, was es war.

Die ersten zwei Tage der Reise nach Morija waren ein Alptraum voll grausamer Vorstellungen gewesen. In seinen Gedanken hatte Abraham jedes Detail von Isaaks Tod gesehen; es war eine Folter für ihn. Trotzdem machte er sein Angesicht wie einen Kieselstein, weil er wußte, daß er Gott gehorchen mußte, komme, was wolle. Als er aber über das Rätsel in Gottes Willen nachdachte, entdeckte er eine Wahrheit, die er vielleicht schon einmal gekannt und wieder vergessen hatte: daß Gott der Schöpfer Himmels und der Erde ist. Er kann alles tun.

Abraham erinnerte sich an Gottes Verheißung, einen Bund mit Isaak zu schließen. Die Bedingungen des Bundes, der geschlossen worden war, bezogen sich auf Isaaks Nachkommen (1. Mose 17, 19). Aber was bedeutete es dann, daß Gott Abraham gleichzeitig gebeten hatte, ihn auf einem Altar zu opfern?

Viele endlos scheinende Stunden lang befanden sich Abrahams Gedanken in einem Aufruhr. Er hatte die scheinbaren Widersprüche in Gottes Willen akzeptiert, aber er verstand sie nicht. Dann kam ihm der Gedanke: Gott könnte Isaak von den Toten auferwekken! Abraham würde ihn entsprechend dem Ritus, der für Brandopfer vorgeschrieben war, töten. Er glaubte, er würde es tun. Er würde den Leichnam verbrennen. Aber bevor die Asche kalt geworden war, würde ihn Gott, der Schöpfer von Himmel und Erde, Gott, der alles tun kann, wieder zum Leben bringen. So steht es in dem großartigen 11. Kapitel des Briefes an die Hebräer: »Er urteilte, daß Gott ihn auch aus den Toten erwecken könne« (Vers 19).

Deshalb sagte Abraham den jungen Männern, sie sollten an Ort und Stelle bleiben. Er brauchte keine Zeugen.

Isaak würde den Berg schneller herabgelaufen kommen, als er hinaufgestiegen war. »Bleibet ihr hier«, sagte Abraham. »Ich aber und der Knabe wollen bis dorthin gehen und anbeten und *dann* zu euch zurückkehren.«

Kapitel 43

Vater und Sohn

Es gab nicht viel zu tun. Die Bibel sagt einfach: »Und Abraham nahm das Holz des Brandopfers und legte es auf Isaak, seinen Sohn« (1. Mose 22, 6). Dann sammelte er ein paar glühende Holzscheite, die er zum Brand entfachen konnte, wenn die Zeit dafür gekommen war, und er hob ein Messer auf – eine ganz gewöhnliche Klinge, die er schon für so manches Schaf benutzt hatte. Die Vorbereitungen waren abgeschlossen. »Und sie gingen beide miteinander«, ein alter Mann und sein Sohn, allein im Universum.

Fühlte sich jeder der beiden in der Gesellschaft des anderen wohl? Ihre Unterhaltung läßt vermuten, daß es so war. Abraham war ein guter Vater gewesen; sein Sohn hatte keine Angst davor, mit ihm zu reden. Offensichtlich hatte Abraham eine gute Beziehung zu seinem Sohn aufgebaut. Wie er es geschafft hatte, wird nicht erklärt, und für manche mag es fast ein Wunder sein.

Allerdings wird Abrahams Erziehungsmethode in einer Aussage in 1. Mose 18 angedeutet. Schon vor Isaaks Geburt sagte Gott, daß er wisse, daß Abraham »seinen Kindern . . . befehle, daß sie den Weg Jehovas bewahren, Gerechtigkeit und Recht zu üben« (Vers 19). War Abraham ein strenger Zuchtmeister?

Was immer er auch war – Isaak respektierte ihn offensichtlich. »Mein Vater!« sagte er und redete Abraham damit mit dem Respekt an, von dem die Bibel lehrt, daß ihn Kinder ihren Eltern gegenüber haben sollen. Abrahams Antwort gibt noch einen weiteren Hinweis bezüglich seiner Methode, Söhne großzuziehen. »Mein Sohn«, sagte er mit deutlicher Liebe und mit Respekt für Isaak. So gingen sie weiter zu ihrem Ziel – ein Vater und ein Sohn, die einander liebten und respektierten in der Rolle, die Gott jedem von ihnen zugeteilt hatte.

Ihr Verhältnis zueinander und ihr Verhalten deuten, wenn auch nur schwach, die Beziehung an, die zwischen dem Herrn Jesus und seinem Vater im Himmel später bestehen würde. Der Vater liebte den Sohn und hatte Freude an ihm. Bevor Jesus je ein Wunder vollbracht oder einem Menschen innerlich geholfen hatte, verkündete Gott seine Freude an ihm. Bei der Taufe sah Gott auf sein Leben – von der frühen Kindheit bis hin zum Mannesalter – und sagte: »Dieser ist mein geliebter Sohn, an dem ich Wohlgefallen gefunden habe« (Matthäus 3, 17). Jesus war sich des Wohlgefallens, das der Vater an ihm hatte, bewußt, und er reagierte mit völligem Gehorsam.

In den letzten Stunden seines irdischen Lebens sprach er von der Liebe, mit der der Vater ihn liebte, und von seiner eigenen Freude, den Willen des Vaters zu tun. Dann betrat er ein finsteres Tal, den Garten Gethsemane. Dort betete er zum Vater und brachte »in den Tagen seines Fleisches sowohl Bitten als Flehen mit starkem Geschrei und Flehen« dem dar, »der ihn aus dem Tod erretten kann« (Hebräer 5, 7); und, so sagt die Bibel, er »ist . . . erhört worden.« Nachdem er gebetet hatte, stand er auf. Es war Zeit zu gehen. Aber er erinnerte sich an etwas, was er seinen Jüngern bei einer früheren Gelegenheit gesagt hatte. »Und der mich gesandt hat, ist mit mir«, sagte er damals. »Er hat mich nicht allein gelassen, weil ich allezeit das ihm Wohlgefällige tue« (Johannes 8, 29).

Er wußte, daß er nicht allein war, als er die letzte Strecke seiner Reise bis zum Kreuz begann. Sein Vater war bei ihm.

Weder Abraham noch Isaak wußten es damals, aber ihr gemeinsamer Gang die Hänge des Berges Morija hinauf war eine Art Vorschau auf den letzten Weg unseres Herrn nach Golgatha. Sein Vater war bei ihm, bei jedem Schritt, den er auf dem Weg ging.

Kapitel 44

»Wo ist das Lamm?«

Isaak wunderte sich über Abrahams Vorbereitungen für die Opfer-Zeremonie auf den Hängen des Berges Morija. Ein wesentlicher Bestandteil fehlte. Abraham hatte Voraussicht bewiesen, als er das Feuerholz zu Hause gehackt hatte, bevor sie aufbrachen. Als er dann ein paar glühende Holzscheite vom Lagerfeuer in ihrer zweiten Nacht im Freien aufhob, hatte er gezeigt, daß er wußte, was er tat. Wenn er auch augenscheinlich besorgt und in einer düsteren Stimmung war, so war er doch Herr der Lage. Trotzdem schien er die wichtigste Voraussetzung für ein Brandopfer vergessen zu haben. Er hatte kein Opfertier.

Isaak wunderte sich natürlich, wie sein Vater hatte vergessen können ein Tier mitzunehmen. Er fragte ihn danach. »Mein Vater!« sagte er, ». . . wo . . . ist das Schaf zum Brandopfer?« (1. Mose 22, 7). Das war die Frage, die Abraham gefürchtet hatte. Wo war das Schaf für das Brandopfer?

Isaak konnte nicht wissen, daß er eine erschütternde Frage gestellt hatte – eine Frage, die über die unmittelbare Situation hinausreichte.

Isaak mag der erste gewesen sein, der diese Frage stellte, aber er war keineswegs der letzte. Er war in seiner Situation an einem vierbeinigen, wolligen Geschöpf interessiert, das für ein zeremonielles Opfer geeignet war. In späteren Zeiten stellten viele fromme Menschen dieselbe Frage, als sie von ganzen Herden vierbeiniger, wolliger Geschöpfe umgeben waren. Sie waren in der Lage, diese Zeremonie durchzuführen. Aber sie waren innerlich beunruhigt. Sie spürten die Sinnlosigkeit, die im Töten von Tieren lag. Das Blut, das sich aus der Kehle eines bloßen Tieres ergoß, der Geruch des Fleisches, das auf dem Feuer gebraten wurde, oder der Gestank des Felles, das in der Sonne trocknete – war das eine angemessene Art und Weise, sich mit dem Problem der Sünde zu befassen?

Zumindest ein prominenter Sünder wußte, daß es das nicht war. In einem beunruhigten Bekenntnis seufzte er: »Du hast keine Lust am Schlachtopfer«, sagte er, »sonst gäbe ich es« (Psalm 51, 16). Er wußte, daß Gott ein zerbrochenes Herz einem geschlachteten Tier vorzog. Einer der Autoren des Neuen Testaments formulierte dies folgendermaßen: »Unmöglich kann Blut von Stieren und Böcken Sünden hinwegnehmen« (Hebräer 10, 4).

Und *dennoch* hatten jene alten Zeremonien einen Wert. Schließlich war es Gott, der sie ersonnen hatte. Worin lag ihr Wert? Sie warfen die Schatten von besseren Dingen voraus, die noch kommen sollten. Sie waren Vorbereitungen für das Hauptereignis. Psychologisch ausgedrückt hatten sie die Funktion, in dem Anbeter ein tiefes Verlangen nach etwas Besserem zu wecken, eine Sehnsucht nach dem Wirklichen anstelle des Schattens. Als Isaak fragte: »Wo . . . ist das Schaf?«, gab er einem Gefühl Ausdruck, das jeder ernsthafte Mann, von Adam bis zu Johannes dem Täufer, haben mußte.

In ihrer tiefsten Bedeutung drückt diese Frage aus, ob überhaupt ein Gott angemessenes Opfer existiert. Gibt es irgendwo im Universum ein Lamm oder irgend etwas anderes, das Sünde wiedergutmachen kann? Oder gibt es irgend etwas, was wir Gott geben können?

Abraham hatte die volle Absicht, seinen Sohn Gott zu geben. Aber Isaak gehörte Abraham nicht. Er war zuerst einmal ein Geschenk Gottes; wie alle Kinder in jeder Familie war er nur eine Leihgabe. Abraham wußte auch, daß jedes Tier des Waldes Gott gehörte; das Vieh auf tausend Bergen ist sein (Psalm 50, 10). Es gab wirklich nichts, was Abraham Gott geben konnte, das er nicht schon besaß. In seiner Antwort an Isaak gab Abraham das zu. »Gott wird sich ersehen das Schaf zum Brandopfer« (1. Mose 22, 8).

Nun, vielleicht wollte Abraham Isaaks Frage ausweichen. Vielleicht war er noch nicht bereit zu sagen, was er vorhatte. Trotzdem war seine Antwort inspiriert. Sie beinhaltet die vollständige Theologie bezüglich des Sühnopfers, das Gott für die Sünde brachte. Abrahams Antwort sagt erstens, daß Gott das Lamm beschaffen wird und zweitens, daß das Lamm für ihn selbst, Gott, ist. Viele Jahrhunderte später schrieben die inspirierten Apostel Aussagen wie diese: »Der Vater (hat) den Sohn gesandt . . . als Heiland der Welt« (1. Johannes 4, 14), oder »Denn so sehr hat Gott die Welt geliebt, daß er seinen eingeborenen Sohn gab, damit jeder, der an ihn glaubt, nicht verloren gehe, sondern ewiges Leben habe« (Johannes 3, 16). Es war Gott selbst, der für das Opfer sorgte.

Der zweite Punkt ist, daß das Opfer in Wirklichkeit für Gott war. Sicherlich, Christus war das Sühnopfer für unsere Sünden (1. Johannes 2, 2); aber der große Apostel Paulus stellte etwas heraus, was man respektvoll als ein Bedürfnis Gottes bezeichnen kann. Er sagte, daß Christi Tod Gottes Gerechtigkeit bewies, »wegen des Hingehenlassens der vorher geschehenen Sünden unter der Nachsicht Gottes« (Römer 3, 25).

Ist das alles? Nein, es gibt noch einen weiteren Punkt. Christi Tod als Opfer zeigt auch Gottes Gerechtigkeit in der Gegenwart. Er dient »zum Erweis . . . daß er gerecht sei und den rechtfertige, der des Glaubens an Jesus ist« (Römer 3, 26).

Wo ist das Lamm, das Gott zufriedenstellt? Wo ist das Lamm, das Sünde wegnehmen kann? Johannes der Täufer gab die Antwort. Die Bibel sagt, daß er eines Tages Jesus auf sich zukommen sah. Johannes erklärte dann, worauf viele ihr Leben lang gewartet hatten: »Siehe, das ist das Lamm Gottes, das die Sünde der Welt wegnimmt« (Johannes 1, 29). Am nächsten Tag sagte er es noch einmal: »Siehe, das Lamm Gottes!« (Johannes 1, 36).

Das war also die Antwort auf Isaaks Frage. Wo ist das Lamm? Das Lamm ist Jesus. Andreas, der Bruder des Apostels Petrus, hörte, wie Johannes diese Worte sprach. Jahre später schrieb Petrus, daß wir Christen »mit dem kostbaren Blut Christi als eines Lammes ohne Fehler und ohne Flecken« erlöst worden sind (1. Petrus 1, 19). Jesus Christus – er ist Gottes Lamm.

Kapitel 45

Gehorsam bis zum Tode

Isaak genügte die Antwort seines Vaters auf die Frage nach einem Opferlamm. Er war damit zufrieden, teilweise in Unwissenheit darüber zu bleiben, was geschehen würde. Seine Zufriedenheit war ganz und gar durch absolutes, blindes Vertrauen zu seinem Vater bedingt.

Auf diese Weise war Isaak ein Hinweis auf den Herrn Jesus. Es gibt vielleicht nichts schöneres im Neuen Testament als das Vertrauen in Gott, das unser Herr zeigte. Indem er Mensch wurde, nahm er freiwillig eine untergeordnete Stellung mit all ihren offensichtlichen Nachteilen an. Er war damit zufrieden, Einschränkungen zu akzeptieren, die er in seinem zeitlosen Zustand nie gekannt hatte. Als ihn die Jünger nach dem Zeitpunkt seines zweiten Kommens fragten, sagte er einfach: »Von jenem Tag aber oder der Stunde weiß niemand, weder die Engel im Himmel noch der Sohn, sondern nur der Vater« (Markus 13, 32). Wie Isaak war er bereit, dies seinem Vater zu überlassen.

In allen Dingen zeigte unser Herr seine Abhängigkeit vom Vater. »Ich kann nichts von mir selbst tun« stellte er fest. »So wie ich höre, richte ich, und mein Gericht ist gerecht, denn ich suche nicht meinen Willen, sondern den Willen dessen, der mich gesandt hat« (Johannes 5, 30). Er nahm also bestimmte Einschränkungen auf sich, die zu einer untergeordneten Stellung gehören, und machte es zu seiner Lebensaufgabe, ausschließlich den Willen des Vaters zu tun.

Niemand weiß, wie alt Isaak war, als dies Drama auf dem Berg Morija stattfand. Nach Josephus war er fünfundzwanzig Jahre alt. Andere Vermutungen bewegen sich zwischen dreizehn und siebenunddreißig Jahren, aber niemand weiß es genau. Allerdings wird die Annahme, daß er kein kleiner Junge mehr war, durch die Tatsache bekräftigt, daß er die schwere Last des Feuerholzes vom unteren

Lager bis zu dem Platz, an dem der Altar gebaut wurde, tragen konnte.
Wenn Isaak tatsächlich ein erwachsener Mann oder auch nur ein Jugendlicher war, dann ist es bemerkenswert, daß Abraham ihn fesseln und auf das Holz auf dem Altar legen konnte. Die einzige passende Erklärung dafür ist, daß sich Isaak in die Sache fügte. Mit dem Ritual des Brandopfers vertraut, hatte er tausendmal dabei zugesehen und wußte, daß das Opfer gebunden und auf den Altar gelegt wurde. Daher drehte sich Isaak, als der Altar fertig war, mit den Händen auf dem Rücken um und erlaubte seinem Vater, ihn zu fesseln. Dann stieg er auf den Altar. Abraham band seine Knöchel zusammen und brachte seinen Körper auf dem Feuerholz in die richtige Lage.
Wenn dieses Bild korrekt ist, setzt es eine Unterhaltung zwischen Abraham und Isaak voraus. Isaak fragte seinen Vater vielleicht ein zweites Mal nach dem Lamm für das Brandopfer, und dieses Mal hätte Abraham gesagt: »Du bist es.« Aber wir haben keine Möglichkeit, das Zittern in seiner Stimme wiederzugeben, oder das Herzeleid dieses großen Glaubenshelden mitzufühlen.
Es stimmt, er rechnete fest damit, daß Gott Isaak vom Tode auferweckte. Hatte er nicht den jungen Männern, die am Fuße des Berges zurückgeblieben waren, gesagt, daß er und Isaak in Kürze zusammen zurückkehren würden? Das war keine Lüge; er glaubte es, weil er wußte, daß Gott alles tun kann. Gott kann sogar tote Menschen zum Leben erwecken. Dennoch, das Schauspiel vom Todeskampf seines Sohnes – der scharfe Schmerz, das heraussprudelnde Blut, die sich trübenden Augen seines Sohnes, und vielleicht ein letztes Stöhnen – Abraham starb tausend Tode, als er all dies wieder und wieder in seinen Gedanken durchlebte. Aber er behielt es für sich. Er erzählte Isaak nur, daß Gott ihn von den Toten auferwecken würde.
Isaak hörte schweigend zu. Wir können uns nur ausmalen, welche Gefühle er dabei hatte. Ganz offensichtlich jedoch willigte er ein zu sterben. Man kann sich darüber streiten, ob er den Glauben seines Vaters an Gottes Bereitschaft, ihn von den Toten aufzuerwecken, teilte. Was die Geschichte betont, ist sein Gehorsam und sein Verlangen, den Willen seines Vaters zu tun.

Auch darin war Isaak ein nahezu vollkommener Hinweis auf den Herrn Jesus. Zu Lebzeiten sprach Jesus gelegentlich von seiner großen Freude, den Willen des Vaters zu tun. »Darum liebt mich der Vater«, sagte er, »weil ich mein Leben lasse, um es wiederzunehmen. Niemand nimmt es von mir, sondern ich lasse es von mir selbst« (Johannes 10, 17–18). Nie war er auf irgendeine Weise gezwungen oder verpflichtet, sein Leben zu lassen. Er stand nicht unter irgend einem Druck, so zu handeln. Wie Isaak, der zuließ, daß er gebunden wurde, übergab der Herr Jesus sich selbst seinen Henkern. Als Paulus darüber nachdachte, schrieb er: »(Der) Sohn Gottes, der mich geliebt und sich selbst für mich hingegeben hat« (Galater 2, 20).

In unserer Zeit, in der jede Autorität, und insbesondere die elterliche Autorität, in Frage gestellt wird, mag Isaaks Beispiel des stillen Vertrauens auf seinen Vater wenig Anziehungskraft besitzen. Ebenso mag in einer Welt von Menschen, die von Ehrgeiz getrieben sind, das Beispiel unseres Herrn wenig Einfluß haben. Nichtsdestoweniger führte der Apostel Paulus genau diese Selbstverleugnung und Unterordnung unter den Willen Gottes als Norm für das Verhalten eines Christen an. »Diese Gesinnung sei in euch«, schrieb er, »die auch in Christus Jesus (war), der in Gestalt Gottes war und es nicht für einen Raub achtete, Gott gleich zu sein. Aber er machte sich selbst zu nichts und nahm Knechtsgestalt an, indem er den Menschen gleich geworden ist, und der Gestalt nach wie ein Mensch erfunden, erniedrigte er sich selbst und wurde gehorsam bis zum Tod, ja, zum Tod am Kreuz« (Philipper 2, 5–8).

Damit will Paulus sagen, daß die Haltung unseres Herrn ein einzigartiges Vorbild für uns ist. Isaak war vielleicht einer der ersten Menschen, die zeigten, daß es möglich ist, so zu leben.

Kapitel 46

Das Kreuz tragen

Abraham war praktisch veranlagt. Er hatte ein Bündel Feuerholz, das getragen werden mußte, und was war praktischer, als es auf seinen Sohn zu laden? Also tat er das; er schnürte das Feuerholz zusammen und legte das Bündel auf Isaaks Schultern (1. Mose 22, 6). Es war praktisch so zu handeln, aber vielen von uns erscheint das vermutlich seltsam. Er wußte ja schließlich, daß Isaak seinen letzten Gang tat. Die Ankunft am von Gott ausgewählten Ort würde für den Sohn den Tod bedeuten. Von einem liebenden Vater sollte man eigentlich erwarten, daß er in Isaaks letzten Stunden um dessen persönliche Bequemlichkeit besorgt wäre. Selbst Gefängniswärter erlauben zum Tode verurteilten Gefangenen, sich ihre letzte Mahlzeit auszusuchen. Aber statt dessen bekam Isaak eine Ladung Feuerholz zu tragen.

Isaak wußte zwar nichts davon; aber indem er das Holz für seinen eigenen Scheiterhaufen trug, handelte er als Typus eines weit größeren Mannes, der noch geboren werden sollte. Dieser Mann war Jesus. Diejenigen, die ihre Bibel kennen, werden sich daran erinnern, daß ihn seine Henker, nachdem sie ihn ausgepeitscht und mit einer Dornenkrone gekrönt hatten, der größtmöglichen Beleidigung unterwarfen: sie ließen ihn sein eigenes Kreuz tragen (Johannes 19, 17). Er trug das Holzkreuz, das dazu bestimmt war, das Werkzeug seines Todes zu werden. In der gleichen Weise trug Isaak das Holz, dessen Flammen seinen Körper verzehren sollten.

Die Pflicht, ein Kreuz zu tragen, war nicht auf Jesus allein beschränkt. Schon vor seinem Tod hatte er sich Jünger berufen. Statt ihnen goldene Versprechungen über Wohlstand oder ähnliches zu machen, wie es sonst oft üblich ist, erklärte Jesus seinen Freunden, daß die Verbindung mit ihm für jeden von ihnen ein persönliches Kreuz bedeute. »Wenn jemand mir nachfolgen will«, sagte er, »der verleugne sich selbst und nehme sein Kreuz auf sich und folge mir nach« (Matthäus 16, 24).

Man muß nicht erst lange nachdenken um zu erkennen, daß das Kreuz, welches Jesus meinte, nicht eine geringfügige Ursache für Verärgerung oder eine unbedeutende Unbequemlichkeit im Leben war. Viele Leute reden über bestimmte Enttäuschungen oder Schwierigkeiten des Lebens, als seien diese ein persönliches Kreuz, das sie tragen müßten. Das mag so sein, aber das ist nicht, was der Herr Jesus meinte. Wenn er vom Kreuz sprach, bezog er sich auf ein Leben der Selbstverleugnung. Wohlgemerkt, er meinte nicht den Verzicht auf kleine Annehmlichkeiten, seien sie nun legitim oder nicht. Er meinte den Verzicht auf ein vom Willen Gottes unabhängiges Recht auf Leben.

Das Kreuz ist auch ein geeignetes Symbol für den Tod des Christen gegenüber der Welt und all den Dingen in ihr, die dem Willen und den Plänen Gottes entgegenstehen. »Mir aber sei es fern, mich zu rühmen«, sagte der Apostel, »als nur des Kreuzes unseres Herrn Jesus Christus, durch das mir die Welt gekreuzigt ist und ich der Welt« (Galater 6, 14). Das Kreuz Christi trennt die Christen von jeder Sünde, die durch die Welt verkörpert wird; es ist ein Symbol unseres Totseins gegenüber diesen Dingen.

Isaak hat das damals wohl kaum verstanden; aber jene Ladung Holz auf seinem Rücken war ein Symbol seines Todes und seiner Trennung von der Welt, die am Fuße des Berges lag.

Kapitel 47

Das Messer und das Feuer

Die anderen Ausrüstungsgegenstände Abrahams haben ebenfalls volle Symbolik. In der einen Hand trug Abraham eine Tonschale mit glühenden Holzscheiten. In der anderen Hand, oder vielleicht in seinen Gürtel gesteckt, trug er ein Messer. Das Messer und das Feuer waren Werkzeuge des Todes und der Zerstörung; das eine würde den Todesstreich austeilen, und das andere würde Isaaks Körper verzehren.

Es ist leicht, die Symbolik zu erkennen. Matthäus erzählt, wie der Herr Jesus und seine Jünger das Passahmahl beendeten, dann das Obergemach, in dem sie es eingenommen hatten, verließen und zum Ölberg gingen. Unterwegs erklärte ihr Herr ihnen, daß sie ihn bald verlassen würden. Woher wußte er das? Weil es in dem Buch eines alten Propheten, des Sacharja, stand. »Die Schafe der Herde werden zerstreut werden« sagte Sacharja. Aber der wichtigste Teil der Prophetie betraf den Hirten und nicht die Schafe. Er lautet: »Schwert, erwache wider meinen Hirten und wider den Mann, der mein Genosse ist! spricht Jehova der Heerscharen; schlage den Hirten, und die Herde wird sich zerstreuen« (Sacharja 13, 7; vergleiche Matthäus 26, 31). Wenn wir nur die Prophetie lesen, mögen wir sie vielleicht nicht verstehen. Aber wenn wir die Evangelien zur Hilfe nehmen, erkennen wir, daß sie eine Voraussage über den Tod Jesu war. Unser Herr verstand sie als solche und sagte dies auch (Matthäus 26, 31; Markus 14, 27).

Es ist interessant, daß eine andere Aussage Sacharjas in den Evangelien als eine direkte Anspielung auf den Christus zitiert wird. Sacharja schrieb: »Und sie werden auf mich blicken, den sie durchbohrt haben, und werden über ihn wehklagen gleich der Wehklage über den Eingeborenen und bitterlich über ihn leidtragen wie man bitterlich über den Erstgeborenen leidträgt« (12, 10). Der Apostel Johannes sagte, daß der erste Teil der Prophetie

tatsächlich bei der Kreuzigung Christi erfüllt wurde. »Sie werden den anschauen, den sie durchstochen haben« (Johannes 19, 37). Israels Trauer um Christus ist immer noch eine unerfüllte Prophetie.
Was das Feuer betrifft, so ist seine Symbolik ebenso deutlich. »Unser Gott ist ein verzehrendes Feuer«, sagte ein Schreiber des Neuen Testaments (Hebräer 12, 29). Derselbe Mann sprach von einem furchtbaren »Erwarten des Gerichts« und vom »Eifer eines Feuers, das die Widersacher verzehren wird« (10, 27). Der Apostel Petrus schrieb: »Die jetzigen Himmel und die (jetzige) Erde aber sind . . . für das Feuer aufgehoben zum Tag des Gerichts und des Verderbens der gottlosen Menschen« (2. Petrus 3, 7). Feuer symbolisiert also Gottes Zorn über die Sünde und sein Gericht.
Als sich Abraham diesen Berg des Schmerzes hinaufschleppte, in der einen Hand ein Messer und in der anderen eine Schale mit Feuer, war er das, was man manchmal eine Andeutung Gottes des Vaters, nennt; er deutete im voraus die Entschlossenheit des Vaters an, seine Hand gegen den Sohn zu erheben. »Schwert«, sagte Gott, »erwache wider meinen Hirten.« Dies geschah tatsächlich auf Golgatha.

Kapitel 48

Via Dolorosa (Leidensweg)

Der biblische Berichterstatter vermerkt, daß sie an dem Ort ankamen, den Gott Abraham genannt hatte. In vier kurzen Sätzen, wie die Stufen eines Schafotts, berichtet er von den letzten Vorbereitungen für die Opferung. Abraham baute den Altar und ordnete das Holz. Dann fesselte er seinen Sohn Isaak und legte ihn auf das Holz. Jeder Satz ist wie das Läuten einer Glocke, die Isaaks Tod ankündigt. Ein fünfter Satz sagt einfach, daß Abraham seine Hand ausstreckte und das Messer nahm, um seinen Sohn zu töten. Wir warten um zu sehen, was passieren wird. Wir spüren, daß dies der entscheidende Moment ist, der Punkt, auf den alles andere hinzielte. Kein Wort der Beschreibung für die Gefühle Abrahams und auch nicht die Isaaks, als er einwilligte, gebunden und auf den Altar gelegt zu werden. Alle Aufmerksamkeit richtet sich auf die Handlung, nicht auf die Gefühle der Handelnden.

Wenn wir dies lesen, werden wir daran erinnert, daß in den vier Evangelien wenig über den Weg von der Gerichtshalle des Pilatus nach Golgatha, dem Ort, an dem Jesus gekreuzigt wurde, berichtet wird. Der Apostel Johannes schreibt nur, daß der Herr Jesus sein eigenes Kreuz trug.

Gemäß den anderen Evangelien zwang das Hinrichtungskommando dann einen Mann namens Simon, es für ihn zu tragen. Der Bericht des Lukas enthält mehr Informationen, als die anderen drei zusammengenommen. Trotzdem gibt es nur wenige Einzelheiten. Aber alle Evangelien erwähnen die Ankunft auf Golgatha. »Und sie bringen ihn nach der Stätte Golgatha, was verdolmetscht ist Schädelstätte«, schrieb Markus (Markus 15, 22). Und sein Bericht ist charakteristisch für die anderen Berichte. Die Henker boten dem Herrn Jesus einen mit einem Betäubungsmittel versetzten Wein an – vielleicht sollte dies ein Akt der Barmherzigkeit sein – aber Jesus

lehnte ihn ab. Und dann, so schreiben die vier Evangelisten, kreuzigten sie ihn.
Drei kurze Worte. Aber diese drei Worte sind die Hauptaussage der Erzählung. Es wird nicht gesagt, woran Jesus auf der *Via Dolorosa* (dem Weg der Schmerzen) dachte. Wir können nur Vermutungen anstellen, und zwar auf der Basis dessen, was er beim Herrenmahl im Obergemach oder im Garten Gethsemane, wo er unter Tränen in tiefem Kampf ringend betete, sagte. In jenem dunklen Tal entschied er sich für jenen letzten, höchsten Akt des Gehorsams gegenüber dem Willen des Vaters: den Gehorsam bis zum Tod, sogar bis zum Kreuzestod. Erinnerte er sich auf diesem einsamen Weg nach Golgatha an Gethsemane? Oder war er sich mehr der Freuden, die vor ihm lagen, bewußt, als der Schmerzen jener Stunde? Wir wissen es nicht, wenn es auch im Hebräerbrief heißt, daß er das Kreuz um der vor ihm liegenden Freude willen erduldete (Hebräer 12, 2). Hier heißt es auch, daß Jesus die Schande gering achtete. Woher wußte der Schreiber das? Wußte er es, weil der Herr Jesus den weinenden Frauen sagte, sie sollten nicht über ihn sondern über sich selbst weinen? Wiederum wissen wir es nicht. Wir wissen nur soviel: sie kreuzigten ihn. Das hat die höchste Bedeutung. In gewisser Weise war der zu zahlende schreckliche Preis des Ganzen Gottes Angelegenheit. Es war eine private Sache zwischen ihm und seinem geliebten Sohn. Niemand von uns kann je das Leiden des Heiligen Gottes zu diesem Zeitpunkt ermessen. Aber dies wissen wir: sie kreuzigten ihn. Der Apostel Paulus dachte daran und sagte von sich selbst und seinen Gefährten: »(Wir predigen) Christus als gekreuzigt, . . . den Berufenen . . . Gottes Kraft und Gottes Weisheit« (1. Korinther 1, 23–24).

Kapitel 49

Wenn Gott für uns ist . . .

Abraham war ein großartiger Baumeister von Altären. Soweit wir wissen, baute er niemals ein Haus oder eine Scheune. Er war sein Leben lang ein Pilger und wohnte in Zelten. Das einzige Stück Land, das er je kaufte, war eine Grabstätte für seine geliebte Frau, und die einzigen Bauarbeiten, die er je durchführte, waren Altäre. Auf all seinen kürzer- oder längerfristigen Lagerplätzen baute er Altäre; dort brachte er Opfer dar und rief den Namen des Herrn an.

Es war nicht leicht, einen Altar zu bauen; man brauchte Steine, die nicht immer ohne weiteres zur Verfügung standen. Dennoch baute Abraham seine Altäre, wenn er sie brauchte, ganz gleich, wieviel Mühe es kostete. Das schwerste aber, was er je tun mußte, war der Bau des Altars auf dem Berge Morija. Die Schwierigkeit lag nicht im Bau selber; es war nicht schwer für ihn, genügend Felsblöcke und Steine zusammenzurollen, um einen einfachen aber trotzdem brauchbaren Altar anzufertigen. Der Bau dieses Altars brach ihm nicht den Rücken – er brach ihm das Herz. Er wußte, daß er diesen Altar baute, damit er den Körper seines geliebten Sohnes Isaak trug. Er war fest davon überzeugt, daß Gott dieses blutige Opfer – das Opfer des einen Menschen, der der größte Schatz seines Herzens war – verlangte. Das Geheimnis dabei ist, daß er nicht zögerte.

Ein noch größeres Rätsel ist vielleicht, daß er bis zum Ende durchhielt. Das erste Buch Mose sagt, daß er seine Hand ausstreckte und das Messer nahm, um seinen Sohn zu töten. Gott hielt ihn zwar genau im richtigen Moment auf, das ist schon wahr, aber dieser Moment war auch der allerletzte Augenblick. Im Gehorsam gegen Gott war er voll und ganz bereit, seinen Sohn zu töten. Die Bibel sagt daher, er habe »Isaak dargebracht« (Hebräer 11, 17), so, als ob die Aufgabe vollendet worden wäre. Außerdem berichtet sie:

»Er (Abraham) urteilte, daß Gott auch aus den Toten erwecken könne, von woher er ihn auch im Gleichnis empfing« (Vers 19). In Gottes Augen war es also, als ob Abraham seinen Sohn tatsächlich geopfert hätte.

Wahrscheinlich war es die Geschichte von Abraham und Isaak auf dem Berg Morija, die den Apostel Paulus zu der Frage inspirierte, wer gegen uns sein könne, wenn Gott für uns ist. Indem er seinen Sohn opferte, was er zweifelos tat, war Abraham ein Hinweis auf Gott selbst. Paulus sah in der Bereitschaft, Isaak, den Abraham mehr liebte, als sein eigenes Leben, zu opfern, eine schwache Vorahnung von Gottes Liebe zu uns. »Er, der doch seines eigenen Sohnes nicht geschont, sondern ihn für uns alle hingegeben hat« – auf diese Art sprach der Apostel von Gottes Liebe (Römer 8, 32). Opferte Abraham Isaak? Ja, er tat es, wenn Gott Isaak auch vor jedem Schaden bewahrte. Abrahams Handeln erinnerte Paulus an Gottes Bereitschaft, seinen Sohn zu opfern. »Er, der doch seines eigenen Sohnes nicht geschont . . . hat.« Der Satz hört an dieser Stelle noch nicht auf. Im Fall Gottes lag mehr als Bereitschaft vor; er handelte. Dementsprechend lautet der vollständige Satz: »Er, der doch seines eigenen Sohnes nicht geschont, sondern ihn für uns alle hingegeben hat.« Da liegt also der wesentliche Unterschied: Abraham war bereit, aber Gott handelte. Er gab seinen eigenen Sohn, Jesus, hin. Er übergab ihn denen, die ihn mißhandelten und töteten. Er war wie Abraham, der einen Altar für den Tod seines Sohnes baute.

Die große Wahrheit, die Paulus in Abrahams kleinem Drama dargestellt sah, ist, daß Gottes Liebe keine Grenzen hat. »Er, der doch seines eigenen Sohnes nicht geschont, sondern ihn für uns alle hingegeben hat« – und nun kommt die großartige Schlußfolgerung, zu der Paulus gelangt – »wie sollte er uns mit ihm nicht auch alles schenken?«

Darüber sollte man einmal nachdenken.

Kapitel 50

Taten sprechen lauter

Abraham tötete nicht wie geplant seinen Sohn. Er wurde daran gehindert, wenn Isaak es wohl auch sein Leben lang als Rettung in letzter Minute in Erinnerung hatte. Abraham war so weit gegangen, seinen Sohn zu binden und ihn auf das Feuerholz des Altars zu legen. Bei einem Abschied, der vielleicht der traurigste war, den es je gab, sagte er seinem Sohn »Auf Wiedersehen« und nahm dann das Messer, entschlossen, die Aufgabe zu vollenden. Hatte Gott ihm das nicht befohlen? Er stand also bereit, als Gott ihn aufhielt.
»Abraham! Abraham!« rief Gott (1. Mose 22, 11), »rühre deinen Sohn nicht an!« Abraham ließ das Messer fallen und brach über Isaak zusammen; er weinte vor Freude. Plötzlich erkannte er, daß Gott nie vorgehabt hatte, ihn seinen Sohn töten zu lassen.
Trotzdem war in Gottes Augen der wesentliche Teil der Handlung erfüllt, und er wertete Abraham so, als ob dieser gerechte Mann Gott tatsächlich seinen Sohn geopfert hatte. »Nun weiß ich«, sagte der Engel des Herrn, »daß du Gott fürchtest und deinen Sohn, deinen einzigen, mir nicht vorenthalten hast« (Vers 12). An mindestens zwei Stellen im Neuen Testament, die sich auf dies Ereignis beziehen, wird gesagt, daß Abraham Isaak opferte (Hebräer 11, 17; Jakobus 2, 27). Wir wissen natürlich, daß die Tat an sich nicht ausgeführt wurde. Gott hielt ihn auf, bevor er Isaak tatsächlich töten konnte. Und dennoch wurde es so gewertet, als ob er es getan hätte. Gott nahm die feste Absicht für die Tat.
An dieser Stelle ist es wichtig festzuhalten, daß Abrahams Absicht nicht nur fromme Träumerei war. Anders als viele, die sich nach Heiligkeit sehnen, aber nichts tun, um sie zu erlangen, tat er so viel er konnte, um das zu erfüllen, was er für eine Verpflichtung hielt, die Gott ihm auferlegt hatte. Jakobus drückt es so aus: »Ist nicht Abraham, unser Vater, aus Werken gerechtfertigt worden, als er Isaak, seinen Sohn, auf den Opferaltar legte?« (Jakobus 2, 21). An

einer anderen Stelle steht geschrieben: »Durch Glauben hat Abraham, als er versucht wurde, den Isaak dargebracht« (Hebräer 11, 17). Wenn man sie zusammen sieht, dann lehren diese Aussagen, daß Abrahams Gottesglaube ihn zum Handeln brachte. Sein Glaube, daß Gott Isaak auch von den Toten auferwecken könnte, gab den Ausschlag; ohne ihn hätte Abraham sich niemals auf den Weg nach Morija machen können. Er wußte, daß sein Gott ein Gott war, der gab, und nicht ein Mörder, ein Ungeheuer, wie die verzehrenden Götter der Heiden. Abraham hatte nicht die geringste Ahnung, warum Gott die Opferung anordnete. Aber er war vollkommen davon überzeugt, daß Gott Isaak von den Toten auferwecken könne und es auch tun werde. Im Glauben opferte er Isaak.

Jakobus allerdings will mit seinem Zitat sagen, daß echter Glaube aktiv wird. Er betont Abrahams Taten, nicht den Glauben, der ihn dazu anspornte. Glaube ist unerläßlich; das ist keine Frage. Aber Taten sind genauso unerläßlich. Und darauf verweist Jakobus mit Nachdruck, wenn er sagt, daß Abraham durch Werke gerettet wurde, als er Isaak opferte. Du hast mir »deinen Sohn . . . nicht vorenthalten«, bestätigt Gott (1. Mose 22, 12). Wann sagte er das? Nicht in Beersheba, nicht auf dem Weg nach Morija, und nicht in ihrem Lager am Fuß des Berges, wo Abraham und Isaak die Männer verließen, die sie begleitet hatten. Der Herr erkannte Abrahams Opfer an, als Abraham so weit gegangen war, wie er konnte, ohne Isaak zu töten. Sein Glaube an Gott trieb ihn zum Handeln; aber das Handeln – der tatsächliche Versuch, Isaak zu opfern – war notwendig um zu beweisen, daß der Glaube existierte.

Vielleicht dachte Paulus an diese Begebenheit, als er über den »Glaubensgehorsam« schrieb (Römer 1, 5;16, 26). Eins ist sicher: es reicht nicht, wenn man von seinem Glauben an Gott redet. Diejenigen, die ihm wirklich glauben, werden ihm auch gehorchen.

Kapitel 51

Das Beste, was ein Mensch geben kann

Als Gott ihm sagte, er solle seinen Sohn als Brandopfer opfern, war Abraham nicht entsetzt gewesen. Er war wohl bestürzt oder verblüfft, aber nicht entsetzt. Der Gedanke des Menschenopfers war für ihn nichts Neues. In früheren Zeiten wußten die Menschen instinktiv, daß Gott das Beste verlangt, was ein Mensch geben kann. Nun was kann ein Mann mehr geben, als den Sohn, den er liebt? Viele Väter nahmen an, daß es notwendig war, ihre Söhne zuerst zu töten, bevor sie sie Gott gaben. Daher waren Menschenopfer weit verbreitet.

Verstand Abraham das? Wahrscheinlich nicht. Aber das Leben in Chaldäa, wo er aufgewachsen war, und in Kanaan, wo er vor Isaaks Geburt ein viertel Jahrhundert gelebt hatte, hatte ihn daran gewöhnt. Sein Herz würde bluten, aber sein Gewissen würde ruhig sein. Er war über Gottes Verlangen nicht entsetzt.

Aber gerade dies war ein Problem, das Gott korrigieren wollte. Es stimmt, daß Gott das Beste verdient, was ein Mensch geben kann. Aber das Beste, was ein Mensch geben kann, ist nicht der tote Körper des liebsten Menschen. Die heidnische Welt, die glaubte, daß Gott die Zerstörung kostbarer Dinge – wie erstgeborener Söhne – verlangte, irrte sich auf furchtbare Weise.

Gott hatte nicht die Absicht bei Abraham und seinen Nachkommen, Menschenopfer einzuführen. Danach sehnte sich Gott nicht. Das hätte ihm weder gefallen noch irgendeine Sünde gesühnt. Es wäre in seinen Augen sogar ein Verbrechen gewesen.

Das Drama auf den Hängen des Berges Morija sollte dies in Abrahams Gedächtnis einprägen. Gott hielt ihn im entscheidenden Moment auf. Auf diese Weise lernte Abraham, daß Gott das Opfer von Menschen verhaßt war. Es sühnte nicht die Sünde eines Menschen; es vermehrte sogar seine Schuld. Jahrhunderte später sagte der Prophet Micha, was Abraham vielleicht zum ersten Mal erkannte, als er an jenem Altar stand: »Womit soll ich vor Jehova treten, mich beugen vor dem Gott der Höhe? . . . Soll ich meinen Erstgeborenen geben für meine Übertretung, die Frucht meines Leibes für die Sünde meiner Seele?« Micha wußte, daß die Antwort »nein« lautete. Das wollte Gott nicht! »Er hat dir kundgetan, o Mensch, was gut ist«, erklärte Micha. »Und was fordert Jehova von dir, als Recht zu üben und Güte zu lieben und demütig zu wandeln mit deinem Gott?« (Micha 6, 6–8).

Paulus drückt fast dasselbe so aus: »Ich ermahne euch nun, Brüder, durch die Erbarmung Gottes, eure Leiber darzustellen als ein lebendiges, heiliges, Gott wohlgefälliges Opfer, was euer vernünftiger Gottesdienst ist« (Römer 12, 1). Ein lebendiges Opfer! Das war der Gedanke, den Gott Abraham verständlich machen wollte. Gott ist nicht an zerstückelten Leibern interessiert. Er will einen unbeschädigten Menschen, einen Menschen, der an Körper, Seele und Geist unverletzt ist. Ein lebendiges Opfer! Wir sollen so leben, wie Gott es am Anfang für die Menschen plante; wir sollen als solche leben, deren größte Lebensaufgabe es ist, Recht zu üben, Güte zu lieben und demütig zu wandeln mit ihrem Gott.

Kapitel 52

Jahve-Jireh

Der Schreiber, der uns die Geschichte der Opferung Isaaks erzählt, war sich der Gefühle Abrahams bewußt. Obwohl er kein bestimmtes Gefühl herausstellt, öffnet er doch in einem Satz ein Fenster zu Abrahams Seele. Er erzählt uns, daß Abraham dem Ort, an dem das Opfer stattfand, einen Namen gab. Er nannte ihn Jahve-Jireh.
Das mag in unseren Ohren fremd klingen. Es hat jedoch eine einfache Bedeutung; Gott wird darin auf eine feine Weise beschrieben. Der Name bedeutet: »Jehova wird ersehen« (1. Mose 22, 14). Der Grund hinter dieser Namenswahl ist offensichtlich. Gott hatte sich ein Lamm für das Brandopfer ersehen. Anstatt Isaak zu nehmen, den er Abraham zuerst gegeben hatte, hatte Gott Ersatz beschafft. Es war Gott, dessen ordnende Herrschaft im Universum wir Natur nennen, der dieses Schaf in ein Dickicht rennen ließ, aus dem es sich nicht befreien konnte. Die Anwesenheit des Schafes an jenem Ort war kein Zufall. Abraham hatte nicht Glück. Nein, der Herr hatte sich in der Tat selbst ein Schaf ersehen.
Abraham erinnerte sich zweifellos an seine Aussage Isaak gegenüber, Gott würde sich ein Schaf ersehen. Und er hatte es tatsächlich getan, wenn auch Abraham die Hoffnung darauf am Ende fast aufgegeben haben möchte. Als er später über diese Dinge nachdachte, erkannte Abraham vielleicht, daß es kein wirksames Opfer für Sünde geben kann, wenn Gott es nicht selbst stellt. Gott muß ein passendes Opfer für Sünde schaffen, wenn es überhaupt eins geben soll.
Ein Schreiber des Neuen Testaments sah dies ganz klar. Er bestätigt, daß das Blut von Stieren und Böcken unmöglich Sünde wegnehmen kann. Aus diesem Grund, so erklärt der Schreiber, sagte der Herr Jesus, als er in die Welt kam: »Schlachtopfer und Gaben hast du nicht gewollt, einen Leib aber hast du mir bereitet« (Hebräer 10, 5).

Was bedeutet also Jahve-Jireh in Wirklichkeit? Was ersieht sich der Herr?

Abraham verstand, daß Gott ihm eine Vorschau auf ein Opfer gegeben hatte, welches weit bedeutender war. Die Szene auf dem Berg Morija stellte symbolisch den Tod Jesu Christi auf Golgatha dar. Verstand Abraham das? Ja, er verstand etwas davon. In einer Unterhaltung mit den Männern, die ihn schließlich zum Tode verurteilten, sagte unser Herr: »Abraham, euer Vater, frohlockte, daß er meinen Tag sehen sollte, und er sah (ihn) und freute sich« (Johannes 8, 56).

Er war froh, denn er wußte, daß es mehr als ein glücklicher Zufall für Isaak war, daß er das Schaf fand. Abraham erkannte anscheinend, daß er Gott, der für Isaaks ernste Notlage Vorkehrungen getroffen hatte, zur rechten Zeit auch Vorkehrungen für die überaus tiefe geistliche Not aller Menschen, einschließlich Abrahams eigener Not, treffen würde. Bis zu diesem Zeitpunkt war er gut mit Gott ausgekommen. Aber ihre Beziehung ließ eine Sache bisher ungeklärt: die Frage der Vergebung. Um Gewißheit der Sündenvergebung zu haben, brauchte man mehr als gelegentliche Unterhaltungen mit Gott oder Visionen, wie sie Abraham von Zeit zu Zeit hatte. Sündenvergebung braucht eine gerechte Grundlage. Wenn Gott heilig ist, dann kann er Sünde nicht einfach übergehen, als ob sie nichts bedeutete.

Nun, daß Gott fest entschlossen war, etwas gegen sie zu unternehmen, wurde Abraham auf dem Berg Morija offenbart. Als er darüber nachsann, sah er über das unmittelbare Geschehen hinaus. Er erkannte, wenn auch vielleicht nur undeutlich, Christi Tod auf Golgatha. Von diesem Moment an wußte er, daß Gott sich zur bestimmten Zeit, wie Paulus es ausdrückt, ein Opfer ersehen würde, dessen Wert die Sünden der Vergangenheit, einschließlich der Abrahams, und auch die der Zukunft tilgen würde.

Kein Wunder, daß Abraham sich freute. Von da an wußte er, daß Sündenvergebung nicht von Gottes Laune abhing; sie war von dem Wert des Opfers abhängig, das sich Gott selbst ersah.

Wenn du das nächste Mal versucht wirst, an deiner Errettung zu zweifeln, dann stelle dir zwei Fragen: Wer wurde das Opfer für meine Sünde? Und wer gab den Auftrag dazu?

Kapitel 53

Ein doppelter Anker

Nach den Ereignissen auf dem Berg Morija setzte die Reaktion ein. Abraham war abgespannt. All die Freude, die er bei Isaaks Rettung verspürt hatte, verschwand und erschöpft sank er nieder. Er war zu müde, um dankbar zu sein. Er fragte sich, ob Gott je zu ihm gesprochen hatte. War es ein Traum gewesen? Ein Alptraum? Armer Abraham! Wie so viele Gläubige glitt er in den Sumpf der Mutlosigkeit.

Das war der Moment, den der Engel des Herrn auswählte. Er erklärte ihm, daß der Herr ihm nicht nur versprochen hatte, ihn zu segnen, er hatte es auch geschworen. »Ich schwöre bei mir selbst«, sprach der Herr (1. Mose 22, 16).

Was er damit meinte, wird in dem Brief an die Hebräer erklärt (6, 13–20). Wenn Menschen einen Eid schwören, dann berufen sie sich, wie schon die Formulierung besagt, auf jemanden, der größer ist als sie selbst, als eine Garantie für ihre Aufrichtigkeit. Da es niemanden gibt, der größer ist als Gott, schwor er bei sich selbst. Er sicherte sein Segensversprechen durch seinen eigenen Charakter ab.

Gott mußte natürlich keinen Eid schwören. Er tat es, um Abrahams derzeitigem Bedürfnis zu entsprechen. Indem er so handelte, kam er auch unserer Not zuvor. Deshalb heißt es im Hebräerbrief: »Damit wir durch zwei unveränderliche Dinge, bei denen Gott (doch) unmöglich lügen kann, einen starken Trost hätten, die wir unsere Zuflucht dazu genommen haben, die vorhandene Hoffnung zu ergreifen, diese haben wir als einen sicheren und festen Anker der Seele« (Hebräer 6, 18–19). Gottes Versprechen und Gottes Eid – diese Dinge sind unveränderlich.

Wird dein Glaube schwach? Treibt deine Seele auf unruhiges Wasser zu? Nun, hier ist ein Anker mit doppeltem Tau: das

Versprechen Gottes und sein Eid, es zu erfüllen. Was auch immer er dir versprochen hat, er wird es tun. Sein Charakter bürgt dafür.
Abraham und Isaak stiegen wieder hinab zum Lager im Tal, wo sie ihre Helfer zurückgelassen hatten. Dort packten sie ihre Ausrüstung zusammen und machten sich auf den Weg nach Hause. Die Heimreise ging schneller als die Reise nach Morija, denn ihr Gepäck war leichter. Außerdem waren sie fröhlicher. Abrahams Diener wußten nicht, was der Grund für diese Veränderung war. Seine trübe Stimmung aber hatte sich offensichtlich in strahlende Freude verwandelt.
Ihr Zuhause lag in Beersheba. Das war kein besonderer Ort, aber für Abraham verbanden sich damit heilige Erinnerungen. Dort hatte er mit einem Philisterkönig einen Bund geschlossen und eidlich bekräftigt. Abraham gab dem Ort einen neuen Namen – Beer-sheba, »Der Brunnen des Schwurs«.
Während er langsam auf der Straße nach Beersheba entlangging, dachte er an einen besseren Eid als den, den er und der Philisterkönig geleistet hatten. Er erinnerte sich an den Eid, den Gott geleistet hatte. Abraham wußte, daß er alt werden und sterben würde. Aber er wußte auch, daß seine Nachkommen das Land besitzen würden, weil Gott sich verpflichtet hatte, dies zu tun.
Das veranlaßte ihn, an seine Verwandten zu denken, die er zurückgelassen hatte, als Gott ihn nach Kanaan rief. Die Bibel sagt einfach: »Da wurde dem Abraham berichtet: Siehe, Milka . . . hat deinem Bruder Nahor Söhne geboren« (1. Mose 22, 20). Höchstwahrscheinlich sandte Abraham einen Boten aus, um Näheres zu erfahren. Er war mit seinen Gedanken jedem anderen in Beersheba zwei, drei Schritte voraus; er dachte an eine Frau für Isaak, durch den Gottes Verheißungen erfüllt werden mußten. Deshalb suchte er seine alten Verwandten und fand sie.
Nach so vielen Jahren der Abwesenheit aus seiner Heimat war er wahrscheinlich erstaunt über die Namen, die sein Bruder seinen Kindern gegeben hatte, z. B.: Uz, Bus und Pildasch. *Uz* bedeutet »Standhaftigkeit«, *Bus* heißt »Verachtung« und *Pildasch* bedeutet »Feuerflamme«. Sie klingen in unseren Ohren fremd. Aber der Zweck dieser Liste wird im vierundzwanzigsten Kapitel des ersten Buches Mose deutlich. Da wird berichtet, wie Abraham eine Braut

für Isaak fand. Sie hieß Rebekka und war die Tochter Bethuels, eines Neffen Abrahams.
Gott, der sich verpflichtet hatte, Abraham und seine Nachkommen zu segnen, hatte also auch an Abrahams weitere Familie gedacht.

Kapitel 54

Im Glauben sterben

Sara lebte mehr als sechzig Jahre in Kanaan, aber sie besaß nie ein Heim. Erst nach ihrem Tode, kaufte ihr Gatte ein Fleckchen Land für ihr Grab. Niemals aber hat sie sich beklagt. Wenn sie gewollt hätte, hätte sie ihn verlassen und nach Ur in Chaldäa zurückkehren können. Das Neue Testament enthält einen schönen Abschnitt über sie und andere, die ebenso wie sie waren: »Diese alle sind im Glauben gestorben und haben die Verheißungen nicht erlangt, sondern sahen sie von fern und begrüßten sie und bekannten, daß sie Fremdlinge und ohne Bürgerrecht auf der Erde seien. Denn die solches sagen, zeigen deutlich, daß sie ein Vaterland suchen. Und wenn sie an jenes gedacht hätten, von welchem sie ausgegangen waren, so hätten sie Zeit gehabt, zurückzukehren. Jetzt aber trachten sie nach einem besseren, das ist nach einem himmlischen. Darum schämt sich Gott ihrer nicht, ihr Gott genannt zu werden, denn er hat ihnen eine Stadt bereitet« (Hebräer 11, 13–16).

Wie ihr Gatte, so wußte auch Sara, daß die schönsten Städte Kanaans für sie nur Halteplätze waren. Ihr wahres Heim war im Himmel. Irgendwann, so wußte sie, würde Gott das Land den Kindern ihres Sohnes Isaak geben. Bis dahin war sie damit zufrieden, von Ort zu Ort zu wandern.

Nicht lange nach Isaaks Geburt zogen sie nach Beersheba. Die Bibel sagt nicht, wie lange sie dort blieben. Es heißt nur, daß Abraham und Isaak nach den Ereignissen, die auf dem Berg des Herrn stattfanden, nach Hause nach Beersheba gingen (1. Mose 22, 14). Aber auch von dort ging es weiter.

Diesmal reisten sie in den Norden, nach Hebron. Wir wissen nicht, warum sie sich dort niederließen, ob wegen des guten Weidelandes oder aus irgend einem anderen Grund. Vielleicht waren mit Hebron Erinnerungen verbunden, die für Sara heilig waren. In der Nähe von Hebron, hatte der Herr Abraham einmal unmißverständlich klar gemacht, daß der Sohn, der von Sara geboren werden sollte, sein Erbe sein würde. Dort war auch Saras Name von Sarai zu Sara geändert worden. Und der Herr hatte dort auch etwas gesagt, was sie nie mehr vergaß. »Ist für Jehova eine Sache zu wunderbar?« hatte er gefragt. Die Antwort lautete natürlich: »Nein, nichts ist zu schwer für den Herrn.«

Vielleicht erinnerte sich Sara daran, als sie im Sterben lag. Vielleicht war das letzte, was sie im schwindenden Licht sah, das Angesicht des Sohnes, den zu bekommen sie nie erwartet hatte. Aber da war er und kniete neben ihrem Bett, ein lebender Beweis dafür, daß für den Herrn nichts unmöglich ist. Nicht einmal die Auferweckung von den Toten.

Kapitel 55

Weinen hat seine Zeit

Als Sara starb, klagte und weinte Abraham um sie (1. Mose 23, 2). Er war wahrscheinlich nicht der erste Mann auf der Welt, der um seine tote Frau trauerte; aber er war der erste, von dem es berichtet wird. Das läßt vermuten, daß entweder in jenen Tagen die Männer zuerst starben (was höchst unwahrscheinlich ist), oder daß Abrahams Schmerz ungewöhnlich groß war. Die Anzeichen sprechen dafür, daß die zweite Vermutung eher der Wahrheit entspricht.

Das Wort, das hier mit »klagen« übersetzt worden ist, bedeutet »sich an die Brust schlagen«. Es ist ein ausdrucksstarkes, anschauliches Wort, das im ersten Buch Mose nur zweimal gebraucht wird: hier und in der Beschreibung von Jakobs Beerdigung. Als Sara starb, schlug Abraham sich in wildem Schmerz an die Brust; seine Gefährtin in so vielen Jahrzehnten war gestorben; er war tief getroffen durch ihren Verlust.

Abraham schämte sich nicht seiner Tränen. Tränen sind natürlich, besonders wenn einem das Herz bricht.

Auch der Herr Jesus schämte sich seiner Tränen nicht. Er weinte über das unbußfertige Jerusalem, und er weinte am Grab seines Freundes Lazarus. Er wußte, daß er Lazarus gleich aus der dunklen Gruft rufen würde. Dennoch weinte er. Wie sonst hätte er seinen starken Gefühlen Ausdruck verleihen sollen? Für ihn war das Grab des Lazarus das Grab des »Jedermann«, und Marias und Marthas Trauer war die Trauer eines jeden Menschen, der je um einen geliebten Toten weinte. So weinte der Menschensohn an jenem Grab, als ob er sagen wollte, daß auf Erden nie eine Träne vergossen worden sei, die nicht auch im Himmel geweint wurde.

Weinen Christen um ihre Toten? Natürlich! Paulus sagte: »damit ihr nicht betrübt seid wie die übrigen, die keine Hoffnung haben« (1. Thessalonicher 4, 13). Er sagte *nicht*: »damit ihr nicht betrübt seid«, Punkt. Nein, er erklärte, daß wir nicht wie andere trauern, die keine Hoffnung haben. Wir trauern wie Christen. Das bedeutet, daß wir viel öfters als andere weinen; denn wir weinen mit denen, die traurig sind, einfach weil wir Angehörige der selben Bruderschaft sind (Römer 12, 15). Aber unsere Tränen sind nicht wie die Tränen derer, die keine Hoffnung haben. Wir wissen, wie es der blinde Dichter George Matheson ausdrückte, daß wir auch im Regen noch einen Regenbogen erkennen können: »Wir sehen im Regen den Regenbogen / und spür'n, die Verheißung ist nicht erlogen: / Der Morgen wird ohne Tränen sein.«

Kapitel 56

Was werden die Nachbarn denken?

Die Erwähnung von Abrahams Tränen ist eine indirekte Art, etwas über Saras Charakter auszusagen. Wenn ein Mann wie Abraham nach mehr als sechzig Jahren Ehe um seine Frau trauert, dann mußte sie eine hervorragende Frau gewesen sein.

In unserem Text aber ist weit mehr Raum den Vorkehrungen für die Beerdigung eingeräumt. Dadurch wird vor allem Abrahams und nicht so sehr Saras Charakter deutlich. Bei ihrem Tod wird er und nicht sie herausgestellt.

Nehmen wir einmal die Unterhaltung mit den Hethitern. Abraham erklärte klipp und klar, wer er war und was er wollte. »Ich bin ein Fremdling und Beisasse bei euch«, sagte er (1. Mose 23, 4). Dann bat er um eine Begräbnisstätte.

Sie wußten natürlich, daß er kein Land besaß. Aber sie wußten *nicht*, daß er der Mann war, dessen Nachkommen Gott das Land versprochen hatte, auf dem sie standen, noch wußten sie von dem Respekt, den er für seine Tote empfand, bis er es ihnen zeigte. Ihre Hochachtung für ihn rührte von dem her, was sie von seinem Verhalten als Hirte und Viehzüchter und nicht als Theologe gesehen hatten. Sie sahen, was er tat, und nicht, was er sagte oder dachte. Wie hätten sie wissen sollen, daß er im Innersten seines Herzens glaubte, daß Gott Sara eines Tages von den Toten auferwecken würde?

Sie antworteten ihm auf Grund dessen, was sie von ihm sahen. »Höre uns, mein Herr!« sagte ihr Sprecher. »Du bist ein Fürst Gottes unter uns, begrabe deine Tote in dem auserlesensten unserer Gräber; keiner von uns wird dir sein Grab verwehren, um deine Tote zu begraben« (23, 6).

Das war ein gutes Zeugnis für den Charakter dieses Mannes. In den mehr als sechzig Jahren hatte er nichts getan, um sich bei seinen heidnischen Nachbarn einzuschmeicheln. Vielleicht hatte er ihnen

geholfen, wenn sie in einer Klemme steckten; Abraham hielt weder besonderen Abstand von seinen Nachbarn noch war er ganz einer der ihren. Er teilte ihre Ambitionen nicht; er ordnete sein Leben nach völlig anderen Grundsätzen. Statt sich befestigte Städte zu bauen, die er mit Leichtigkeit hätte finanzieren können, blieb er in seinem Zelt. Anstatt eine kleine Armee und einen Stützpunkt aufzubauen, verbrachte er seine Jahre einzig und allein in der Abhängigkeit von Gott. Nach ortsüblichen Maßstäben war er ein Sonderling, ein Außenseiter.
Und dennoch erkannten die Hethiter in dieser Krisenzeit, als er ein Stück Land als Grab brauchte, seine Größe an. »Du bist ein Fürst Gottes unter uns.« Ohne zu wissen, was sie taten, hoben sie die Tatsache hervor, daß man wahre Größe nur im Wandel mit Gott findet. Abraham ging den Weg der wahren Absonderung vom Bösen. Indem er das tat, wurde er groß und wurde respektiert.

Kapitel 57

Beerdigt, um aufzuerstehen

Als Sara starb, hatte Abraham seine schwere Prüfung auf dem Berg Morija noch frisch im Gedächtnis, und er erinnerte sich an die Lektionen, die er bei diesem Erlebnis gelernt hatte. Er würde sie bestimmt nie vergessen, selbst dann nicht, wenn er selbst im Sterben liegen würde. Es wäre schwer zu entscheiden, welche Lektion die wichtigste war. Aber eine der wichtigsten war sicher, daß Gott fähig ist, Menschen vom Tode aufzuerwecken. Abraham hatte geglaubt, daß Gott Isaak auferwecken könnte und es auch tun würde, wenn er, Abraham, ihn töten sollte.

Dieses bedeutende Ereignis beeinflußte Abrahams Gedanken über den menschlichen Körper. Anstatt ihn nur als wertlose Hülle der Seele zu sehen, behandelt er Saras toten Körper mit Respekt. Das erste Buch Mose widmet der Schilderung von Abrahams Verhandlungen mit den Landbesitzern wegen eines Grabes für Sara ein ganzes Kapitel. Wenn Abraham von Sara sprach, sagte er »meine Tote«, womit er natürlich »meine tote Frau« meinte. Er wußte, daß sie tot war, aber solange ihr Körper nicht beerdigt war, blieb ihm noch ein wesentlicher Teil von ihr; es war seine Verantwortung, sich darum zu kümmern.

Diese Fürsorge Abrahams griff einer Erkenntnis vor, die im Neuen Testament klar offenbart wird, nämlich daß Gott einen Plan für unsere Leiber hat. Paulus erklärte: »Er, der Christus Jesus von den Toten auferweckt hat, (wird) auch eure sterblichen Leiber lebendig machen wegen seines in euch wohnenden Geistes« (Römer 8, 11). Im gleichen Kapitel sprach er von einem zukünftigen Tag, an dem wir Christen unsere Annahme an Kindes Statt, einschließlich der Erlösung unserer Leiber, empfangen werden (Vers 23). Eine Reihe von Bibelstellen lehrt unmißverständlich, daß Gott unsere Leiber auferwecken wird. Dabei werden sie verwandelt werden. Das, was den Tod mit sich bringt, wird verschwunden sein, denn diese sterblichen Leiber müssen Unsterblichkeit anziehen (1. Korinther 15, 53). Alles, was Verwesung hervorruft, wird ebenfalls verschwunden sein, so daß der Auferstehungsleib gegen Verwesung immun sein wird.

Gott hat offensichtlich einen Plan für unsere Leiber. Folglich behandeln wir unsere Toten mit Respekt. In unserer Zeit mag es nicht nötig sein, um ein Stück Land zu verhandeln; ein Beerdigungsinstitut wird das für uns erledigen. Vielleicht tut es sogar mehr als wirklich notwendig ist.

Ebenso verkehrt wäre es auch, respektlos von den Toten zu reden und gar vorzuschlagen, daß es doch einfacher wäre, den Körper in eine Decke zu wickeln und in ein Loch in der Erde zu werfen.

Abrahams Beispiel zeigt, daß weder Bequemlichkeit nocht wirtschaftliche Gründe hier das wichtigste sind. Er war bereit, sich Zeit für sehr sorgfältige Vorbereitungen zur Beerdigung seiner Frau zu nehmen, und er gab alles, was nötig war dafür. Das Mindeste, was er damit erreichte, war eine Demonstration seines Respekts für sein tote Frau. Es ist allerdings möglich, daß er auch seinen Glauben an Gottes Pläne für Saras toten Körper bekundete.

Kapitel 58

In liebender Erinnerung

Als Sara starb, trauerte Abraham und weinte um sie, aber er beschäftigte sich auch mit den Vorbereitungen für die Beerdigung. Das war zweifelsohne eine gute Therapie, um nicht von seinem Schmerz überwältigt zu werden. Isaak trauerte auch, aber für ihn gab es keine Therapie. Erst viel später bei der Ankunft Rebekkas, seiner Braut, und seiner Vermählung mit ihr wurde er geströstet.
Isaaks Trauer um seine Mutter sagt etwas über Saras Charakter aus. Daß sie Abraham eine gute Frau war, wird durch seinen Schmerz über ihr Ableben und auch durch manche Aussagen des Neuen Testaments deutlich. Ein bemerkenswerter Abschnitt im ersten Brief des Petrus (3, 3–6) läßt darauf schließen, daß sie bewußt einen stillen und sanften Geist entwickelte. Sie war nicht immer still und sanft. Bei einer Gelegenheit lachte sie derart laut, daß der Engel des Herrn sie hörte. Was die Sanftmut betrifft, so könnte ihre Dienerin Hagar bezeugen, daß dies nicht immer Saras hervorragendste Charaktereigenschaft gewesen war. Aber sie arbeitete daran, und im Laufe der Jahre wurde sie eine wirklich sanftmütige Frau. Das machte sie für Abraham teuer und gewann ihr die Liebe ihres erwachsenen Sohnes Isaak. Er erinnerte sich an sie als an eine gute Mutter.
Nicht jeder Sohn liebt seine Mutter. Viele junge Männer erinnern sich voll Abneigung ihrer Mütter. Vielleicht waren sie ständig mürrisch und unordentlich. Oder wenn sie sich in einer weniger aggressiven Stimmung befanden, waren sie weinerlich und bejammerten voll Selbstmitleid ihr Los. An Mütter wie diese erinnert man sich zwar gelegentlich, aber wenn, dann nur mit Abneigung und Gleichgültigkeit, wenn nicht sogar mit Haß.
Isaak erinnerte sich voll Gram an seine Mutter. Als er geboren wurde, war sie schon eine alte Dame, und die Zeit und Jahre der Unterordnung unter den Willen Gottes trotz überwältigender

Enttäuschung hatten sie sanft gemacht. Er rief sich ihre Hände ins Gedächtnis zurück – sanfte Hände, bei denen jede Berührung eine Liebkosung war. Isaak dachte an die Stimme seiner Mutter; er vergaß sie nie – eine ruhige Stimme, die seinem Herzen Frieden gab. Er war ein stiller Mann. Und er wußte, wie man eine Frau behandelt. Isaaks Liebe und Respekt für seine Mutter färbten auf seine Beziehung zu seiner eigenen Frau ab. Die Bibel sagt ganz schlicht, daß Rebekka seine Frau wurde und daß er sie liebte (1. Mose 24, 67). Er liebte sie, weil ihn seine stille, sanfte Mutter gelehrt hatte, daß Frauen der Liebe eines Mannes würdig sind.

Auch unser Herr hatte eine gottesfürchtige Mutter. »Gesegnet bist du unter den Weibern«, sagte ihr der Engel. Da sie eine stille Frau war, dachte sie in ihrem Herzen darüber nach, wie über so viele Dinge, die sie in ihrem Leben hörte und sah. Wir können schlecht beurteilen, wieviel sie zur menschlichen Natur unseres Herrn beitrug, denn die Inkarnation ist ein Geheimnis. Könnte es sein, daß sein demütiger und sanfter Geist ein Geschenk von Maria war? Wie dem auch sei, er respektierte und liebte sie. Ja, bei seinen letzten Worten am Kreuz sorgte er noch für sie. Zu Johannes seinem Jünger sagte er: »Siehe, deine Mutter!« (Johannes 19, 27).

Kapitel 59

Säen, ernten und jäten

Als Sara starb, war Abraham schon ein alter Mann, aber er lebte noch weitere achtunddreißig Jahre. Hetze in der Arbeit war damals selten, Anspannung und Entspannung folgten einem normalen Rhythmus. Deshalb lebten die Männer auch oft länger als ihre Frauen. Das war teils von Vorteil, teils aber auch von Nachteil. Mancher Mann mußte sich darauf einstellen, ein halbes Jahrhundert oder mehr ohne seine Frau zu leben. Das brachte viel Not und Einsamkeit mit sich.

Zeit und Erfahrung haben gelehrt, daß sich Männer schlechter damit abfinden als Frauen. In manchen Fällen lassen sie sich ziellos treiben, als ob das Leben seinen Sinn verloren hätte. Andere werden von der Einsamkeit fast überwältigt und gehen törichte neue Ehen ein, durch die ihre letzten Lebensjahre mit Kummer und bitteren Selbstanklagen erfüllt sind. Sie lernen recht notvoll, daß Einsamkeit nicht das schlimmste Problem im Leben ist.

Vielleicht hat Abraham den zweiten Fehler begangen. Nach Saras Tod heiratete er eine Frau namens Ketura (1. Mose 25, 1), von der nichts weiter bekannt ist, als daß sie ziemlich jung war. Vor seinem Tod gebar sie ihm sechs Söhne und eine unbekannte Anzahl Töchter. Ketura war wahrscheinlich recht liebenswürdig; ihr Name bedeutet »Wohlgeruch«, und Abraham mag für sie viel Zuneigung verspürt haben. Sie erfüllte zumindest einige seiner Bedürfnisse.

Aber *seine* Bedürfnisse waren nicht der einzige Gesichtspunkt. Da war Isaak. Was er über die Heirat seines Vaters dachte, wurde nicht festgehalten. Der Bericht zeigt uns jedoch, daß er erst in seiner eigenen Ehe mit Rebekka über den Tod seiner Mutter Trost fand. Er tolerierte seine Stiefmutter wahrscheinlich mit der klassischen Einstellung älterer Kinder, deren überlebender Elternteil erneut heiratet. Es ist unwahrscheinlich, daß der junge Mann, der bereit

gewesen war, auf die Bitte seines Vaters hin zu sterben, protestiert hätte, als sein Vater wieder heiratete.
Abraham lernte auf dem schweren Weg, was der Apostel Paulus über diese Dinge sagte. »Keiner von uns lebt sich selbst«, heißt es in Römer 14, 7, oder, wie es ein anderer Übersetzer formulierte, »Keiner von uns lebt als selbständiges Einzelwesen« (Phillips). Was wir in unserem Leben tun, beeinflußt andere zum Guten oder zum Bösen. Noch schwerer wiegt, daß unsere Taten unsere noch nicht geborenen Enkel verletzen können. Niemand hat also völlige Freiheit zu tun, was er möchte. Frage den alten Abraham. Er wäre besser dran gewesen, wenn er einsam geblieben wäre.
Als Abraham starb, gab es keine gerichtlichen Streitereien über den Nachlaß, und Isaak und seine Nachkommen blieben im Besitz all dessen, was Abraham für sie gesammelt hatte. Er hatte alle seine Söhne, die von anderen Frauen und nicht von seiner gesetzlichen Ehefrau Sara waren, herzurufen lassen, gab jedem einen Anteil und schickte sie davon, weg von Isaak, dem gesetzlichen Erben.
Aber eine Schwalbe macht noch keinen Frühling, und eine oder zwei Generationen des Wohlstands bedeuten noch nicht, daß man das Gesetz des Säens und Erntens umgehen kann. Indem er Ketura heiratete, hatte er latentes Unheil gesät, und in den folgenden Generationen begann er zu ernten, was er gesät hatte. Das schlimme war nur, daß er selbst dann nicht mehr da war. Isaaks Nachkommen ernteten, was er gesät hatte.
Das Buch der Richter erzählt die Geschichte. Die Kinder Israel, so heißt es da, lebten in Höhlen und Klüften in den Bergen, weil sie von den Midianitern tyrannisiert wurden. Wer waren die Midianiter? Sie waren Israels Stiefbrüder, die Nachkommen Midians, eines Sohnes, den Abraham von Ketura bekam. Das Buch der Richter (Kapitel 6) sagt, daß sie in das Land kamen, »um es zu verderben«, und ganz offensichtlich führten sie ihre Pläne mit Erfolg aus. »Israel«, sagt der Bericht, »verarmte sehr wegen Midians« (Richter 6, 6).
Und dennoch – Gott ist in der Lage, das Feld zu jäten, das Menschen oft so gedankenlos besäen. Der Prophet Jesaja beschreibt in einem bemerkenswerten Abschnitt einen Tag, an dem Midian Wiedergutmachung dafür leisten wird, daß es Israel beraubt hat.

Der Abschnitt spricht von der Zukunft, wenn Israels Erlöser nach Zion kommen wird. Dann, so Jesaja, werden »junge Kamele von Midian und Epha (kommen). Allesamt werden sie . . . Gold und Weihrauch bringen, und sie werden das Lob Jehovas fröhlich verkünden« (Jesaja 60, 6).
Keturas Söhne werden also die Weisen der Zukunft sein, die dem Herrn ihre Gaben bringen. Dann wird Abraham sagen, daß Gott all die Torheit der Vergangenheit ungeschehen gemacht hat.

Kapitel 60

Der Gott, der auch handelt

Abraham war schon ein alter Mann, als er endlich Vorbereitungen für Isaaks Hochzeit traf. Selbst Isaak war mit vierzig Jahren schon ein gesetzter Mann. Abraham hätte sich um die Angelegenheit kümmern sollen, als Isaak noch in seinen Zwanzigern war. Das hätte jedenfalls ein Draufgänger der damaligen Zeit getan. Aber Abraham war einzigartig. Über die Hälfte seines Lebens hatte er Gott vertraut und war ihm gefolgt, wohin er ihn auch immer führte. Das hatte ihn Geduld gelehrt und ihm die Zuversicht gegeben, die er brauchte, um so lange zu warten, bis der Herr das Signal gab. Wie seine Nachkommen später lernten, bei Tage der Wolkensäule und bei Nacht der Feuersäule zu folgen, unternahm Abraham keinen Schritt, bevor der Herr das Zeichen gab.

So wurde er erst aktiv, als Gott ihm wegen Isaak den Anstoß gab. Er rief seinen Vormann und gab Anweisungen, die die Stärke seines persönlichen Glaubens an Gott offenbaren. Abraham war fest davon überzeugt, daß Gott, der ihn aus seiner Heimat gerufen und großartige Verheißungen gegeben hatte, auch eine Frau für Isaak finden konnte und das auch wirklich tun würde.

Um zu glauben, daß Gott etwas tun kann, braucht man wenig Glauben. Gott kann alles tun, und jeder weiß das, sogar die Ungläubigen. Ein Mann des Glaubens aber glaubt, daß Gott Versprechen macht und dann auch *tut*, was er versprochen hat. Dies ist die Art von Glaube, die Abraham sein ganzes Lebens lang ausübte: ein Glaube, der darauf vertraute, daß Gott Versprechen gab und sie dann auch hielt. Sein Gott war ein persönlicher Gott, ein handelnder Gott, und nicht ein abstrakter Gedanke oder ein kosmisches Gas, das »irgendwo da draußen« war. »Jehova«, sagte er, »der Gott des Himmels, der mich aus dem Hause meines Vaters ... genommen, und der zu mir geredet ... hat ... der wird seinen Engel vor dir her senden« (1. Mose 24, 7).

Der Vormann wußte, daß er nicht mit einem vergeblichen Unternehmen beauftragt wurde. Sicher, Abraham wurde alt. Er wurde nicht nur alt – er *war* alt. Aber er war sein ganzes Leben lang mit Gott gewandelt, und wenn er sagte, daß Gott seinen Engel senden würde, um ihn zu einem bestimmten Mädchen zu führen, dann würde Gott es tun. Daher war der Vormann damit einverstanden, mit einem Eid zu beschwören, daß er den letzten Wunsch seines Herrn erfüllen würde.

Männer des Glaubens haben übereinstimmend geglaubt, daß sich der Gott des Himmels auch um die kleinen Details kümmert und nicht nur um den großen Rahmen. Was auch immer für die Vollendung seiner Pläne notwendig ist – sei es, daß betagten Eltern ein Sohn geboren wird, oder sei es, daß eine Frau für diesen Sohn gefunden werden muß – er hat ein berechtigtes Interesse daran, und er wird es tun.

Kapitel 61

Eine Anleitung zur Heiratsvermittlung

Als Abraham sich entschloß, wieder zu heiraten, war es nicht sehr schwer, ihn zufriedenzustellen. Alles, worauf es ankam, war, daß die Frau eine gute Gesellschafterin war. Für Isaak aber, seinen Sohn, hatte Abraham höhere Maßstäbe. Er wußte, daß Isaak der Mann war durch den Gott eine Reihe von Nachkommen in die Welt bringen würde, denen er das Verheißene Land geben würde. Also war es unmöglich, daß Isaak einfach irgendein Mädchen heiratete. Für ihn mußte jemand besonderes gefunden werden.

Da Abraham ein dreiviertel Jahrhundert in Kanaan gelebt hatte, kannte er die Einwohner ziemlich gut. Was er von ihnen wußte, ließ ihn den Gedanken, daß sein Sohn eines ihrer Mädchen zur Frau nahm, verabscheuen. Nicht eine von ihnen war geeignet, in die Ahnenreihe einzugehen, durch die Gott schließlich den Messias zur Welt kommen lassen würde. Abraham mag noch nicht einmal so weit gedacht haben, aber er wußte, daß keins der Mädchen aus Kanaan seine Hingabe an den Herrn teilte oder Gottes Verheißungen für ihn auf irgendeine Weise schätzte.

Nach Abrahams Meinung hing die Erfüllung der Verheißungen, die Gott ihm gegeben hatte, zu einem großen Teil von dem Mädchen ab, das Isaak heiratete. Deshalb forderte er von seinem Knecht zwei Versprechen: erstens sollte er sich darum kümmern, daß Isaak kein Mädchen aus der Umgebung heiratete; und zweitens sollte er dafür sorgen, daß Isaak in Kanaan blieb, dem Land, von dem Gott versprochen hatte, es Abrahams Nachkommen zu geben.

Aus seinem Gottesverständnis wird Abraham wahrscheinlich instinktiv gewußt haben, was Gott seinem Volk in der alten Zeit durch Mose und seinem Volk in dieser Zeit durch die Schriften des Apostels Paulus zeigte. Mose warnte die Nachkommen Isaaks davor, sich mit den Einwohnern Palästinas zu verheiraten. Welchen Grund er dafür hatte? Den verderblichen Einfluß verdorbener

Leute. »Denn sie würden deine Söhne von mir abwendig machen, daß sie anderen Göttern dienten«, sagte der Herr (5. Mose 7, 4).
Das stimmte damals, und es stimmt auch heute noch. Die Umstände unserer modernen Welt unterscheiden sich beträchtlich von denen im Palästina der früheren Zeit. Einige Nationen haben eine homogene Gesellschaft; es gibt keine Stammesunterschiede. Von einigen Nationen kann man sogar sagen, daß sie im wesentlichen »christlich« sind. Dennoch weiß jeder denkende Gläubige, daß es hinter einer Fassade oberflächlicher Gleichheit grundlegende Unterschiede zwischen den Menschen gibt. Es gibt wahre Gläubige, und es gibt solche, deren »Glaube« nur Fassade und Schein ist. Eine Heirat zwischen den beiden schwächt normalerweise den Glauben des echten Gläubigen.
Abraham wußte das und handelte dementsprechend. Jahrhunderte später formulierte der Apostel Paulus es endgültig als ein unveränderliches Prinzip, das für alle, die ein für Gott brauchbares Leben leben wollen, von entscheidender Bedeutung ist: »Geht nicht unter fremdartigem Joch mit Ungläubigen! Denn . . . welche Gemeinschaft (hat) Licht mit Finsternis?« (2. Korinther 6, 14).

Kapitel 62

Wie man Gott anredet

Abrahams oberster Knecht gehörte nicht zu denen, die herumstehen und Däumchen drehen. Er hatte bei dem Gott des Himmels geschworen, daß er in Abrahams Heimat nach einer Frau für Isaak suchen würde. Daher begann er sofort mit den Vorbereitungen für die Reise. Als erstes mußte er eine Liste des ganzen Proviants vorbereiten. Dann suchte er sich aus der Herde zehn Kamele aus, sowohl Pack- als auch Reittiere, die auf ihre Ausdauer hin getestet worden waren. Er wußte, daß die vor ihm liegende Reise kein Sonntagnachmittagsausflug war, sie würde lang und hart sein und die Ausdauer von Mensch und Tier auf die Probe stellen. Er wäre nicht Abrahams bester Mann geworden, wenn er solch wichtige Einzelheiten außer acht gelassen hätte.

Aber er tat noch mehr. Lange Jahre eines treuen Dienstes in Abrahams Gesellschaft hatten ihm mehr eingebracht, als er gegeben hatte; sie hatten ihm das Herz eines Mannes Gottes eingebracht. Bevor er die Kamele für die Reise aussuchte, betete er um Gottes Hilfe, und als er den Proviant auflud, betete er noch einmal und befahl sich und seine Begleiter in die Hände Gottes. Woher wissen wir das? Wir können es aus dem Gebet schließen, das er betete, als er an seinem Ziel ankam.

Es war ein schlichtes Gebet, das offenbar von einem Mann stammte, der gewohnt war, mit Gott zu reden. Er kam gleich zur Sache und sagte dem Herrn, wo er war und was er tat. Natürlich wußte Gott das alles, und der Knecht wußte auch, daß Gott es wußte. Aber das hinderte ihn nicht daran, es dem Herrn zu erzählen. Für ihn war Gebet ein Gespräch mit Gott. So hatte es ihn Abraham durch sein Beispiel und vielleicht auch durch Anweisungen gelehrt. Deshalb sprach er mit dem Herrn: »Siehe, ich stehe bei der Wasserquelle, und die Töchter der Leute der Stadt kommen heraus, um Wasser zu schöpfen« (siehe 1. Mose 24, 13).

Dieses schlichte Gebet ist voll tiefer Demut und Ehrerbietung. Elieser reihte nicht einfach klangvolle Ausdrücke aneinander. Er kannte keine; schließlich war er ein einfacher Mann. Aber er kannte Gott, und er redete ihn mit schlichtem Respekt an. »Jehova«, sagte er, »Gott meines Herrn Abraham!« (Vers 12). Was könnte schlichter oder ehrerbietiger sein?

Gott liebt es, so angeredet zu werden – ohne große Vorrede und im Zusammenhang mit seinem geliebten Volk. Gott ist ein Gott, der gern Namen erwähnt; er liebt es, der Gott Abrahams, oder der Gott Abrahams, Isaaks und Jakobs genannt zu werden. Wenn er sich damals einem Fremden (d. h. jemandem, der ihn nicht kennt) vorstellt, sagt er im wesentlichen: »Ich bin der Herr, der Gott Abrahams und der Gott Isaaks« (1. Mose 28, 13).

Unser Herr lehrte uns Christen, ihn Vater zu nennen, und das ist ohne Frage der beste Name. Wenn wir mit Gott sprechen, können wir ihn auch mit der Schlichtheit und dem Vertrauen eines Kindes anreden. »Unser Vater, der (du bist) in den Himmeln« – so oder ähnlich reden wir ihn an. Wir sprechen auch konkret, wie es Abrahams Knecht tat. Wir bitten z. B.: »Unser tägliches Brot gib uns heute« oder sagen ganz einfach, was wir nötig haben. Er mag es, wenn wir genau sind, damit wir wissen, daß er es war, wenn er antwortet, und nicht einfach das Glück.

Vielleicht ist dies ein guter Augenblick, um mit deinem Vater im Himmel zu reden. Er hört dir zu!

Kapitel 63

Das geeignetste Mädchen am Ort

Als Elieser Nahor, eine Stadt in Mesopotamien, erreichte, band er seine Kamele neben einem Wassertrog an, bei einem Brunnen am Rande der Stadt. Es war später Nachmittag, die Zeit, zu der die Frauen Wasser für das Abendbrot holten. Brunnen waren im Orient eine Kostbarkeit, und unberechtigte Personen durften das Wasser nicht anrühren. Während er wartete, betete er um Hilfe für seinen Auftrag. Würde er das richtige Mädchen finden? Angenommen, er brachte ein *falsches* Mädchen? Isaak würde ihm das für den Rest seines Lebens vorhalten. Deshalb betete der Mann, und in seinem Gebet bat er Gott um ein unmißverständliches Zeichen seiner Führung.

Das Zeichen würde aber nur dann unmißverständlich sein, wenn er im voraus wußte, wonach er Ausschau halten mußte. Also sagte er dem Herrn, daß er das Mädchen um einen Schluck Wasser bitten würde. Wenn sie ihm zu trinken geben würde *und* ihm anbieten würde, die Kamele zu tränken, würde er wissen, daß sie das Mädchen sei, nach dem er gesucht hatte. Wie viele würden sich wohl erbieten, zehn durstige Kamele zu tränken? Nicht viele. Elieser war zuversichtlich, daß das Mädchen, das die Bedingung erfüllte, die er in seiner Unterredung mit Gott festlegte, wirklich das Mädchen wäre, das Gott für Isaak ausgesucht hatte.

Nun könnte man sich durchaus vorstellen, daß sich mehr als ein kräftiges, fröhliches Mädchen von Nahor anbieten würde, diese Arbeit zu tun. Nach allem, was er wußte, konnte es sogar sein, daß ein argloser Tierfreund Lust daran hatte, Kamele zu tränken, etwa so, wie kleine Jungen aus Freude beim Füttern von Tieren helfen. Theoretisch war der Test also nicht bis ins Letzte abgesichert.

Er sollte es auch gar nicht sein. Der Test war nicht dafür bestimmt, ein Mädchen am anderen zu messen; sein Hauptzweck war es, Gott

zu ermöglichen, dem Knecht Abrahams das von ihm für Isaak erwählte Mädchen zu zeigen.
Dieser Mann war nicht der erste, der Gott um ein Zeichen seiner Zustimmung bat, und er war auch nicht der letzte. Gott hat nichts dagegen, Zeichen zu geben, vorausgesetzt, die bittende Person bittet im Glauben. Gideon bat um das Zeichen mit dem Wollvlies, und er bekam das Zeichen, das er brauchte. Gideon hatte keine Zweifel an Gott oder seiner Kraft; er wußte, daß Gott Israel mit einer mächtigen Hand aus Ägypten geführt hatte. Aber er brauchte Gewißheit, daß er, Gideon, wirklich der Mann sei, den Gott jetzt gebrauchen wollte. Für diesen einfachen Mann schien es unglaublich, daß Gott einen Bauern wie ihn gebrauchen könnte, um die bewaffneten Armeen der Unterdrücker Israels zu vernichten. Vielleicht erinnerte er sich an das Schicksal Korahs und seiner Freunde, die meinten, sie wären als Israels Führer geeignet. Ihr Staatsstreich endete in einer Katastrophe. Deshalb bat er Gott um ein Zeichen, um ihm zu garantieren, daß er nicht an Größenwahnsinn litt, und daß der Herr ihn tatsächlich gerufen hatte.
Abrahams Mann mußte sicher sein, daß er das richtige Mädchen erkannte, wenn er es sah. Aus Erfahrung wußte er, daß Mädchen einen Mann so bezaubern können, daß er das nüchterne Denken verliert und leicht einer Täuschung verfällt.
Die Bibel sagt, daß sich, noch bevor er aufhörte zu beten, ein Mädchen dem Brunnen näherte. Sie war hübsch, obwohl das nicht das wichtigste war, und sie erbot sich, seine Kamele zu tränken, und das war wichtig. Als das erste Mädchen, das zum Brunnen kam, die festgelegten Bedingungen erfüllte, wußte der Mann, daß Gott, der sie ausgewählt hatte, sie auch um diese Zeit zu dem Brunnen geführt hatte. Jetzt wußte er, daß Gott seiner Reise Erfolg geschenkt hatte. Er hatte ihn quer durch die Wüste geführt, und er hatte ihn zu dem richtigen Mädchen gebracht.
Dann sagt die Bibel ganz schlicht, daß der Mann sein Haupt neigte und Gott anbetete. »Gepriesen sei Jehova«, sagte er, »der Gott meines Herrn Abraham, der von seiner Güte und seiner Wahrheit nicht abgelassen hat gegen meinen Herrn! *Mich* hat Jehova geleitet auf den Weg zum Hause der Brüder meines Herrn« (1. Mose 24, 26–27). Der Mann wußte, daß er nicht allein gereist war. Der Herr

hatte ihn begleitet, und zwar nicht als einer, der hinterher läuft, sondern als einer, der führt. »*Mich* hat der Herr geleitet«, sagte er.

Hat er uns jemals geführt? Wenn nicht, dann liegt das Problem vielleicht darin, daß wir ihm keine Gelegenheit gaben.

»Wer ist nun der Mann, der den HERRN fürchtet? Ihn wird er unterweisen in dem Weg, den er wählen soll« (Psalm 25, 12).

Kapitel 64

Wie man eine Entscheidung trifft

Der Mann, den Abraham gesandt hatte, um eine Frau für Isaak zu finden, gehörte nicht zu denen, die voreilige Schlüsse ziehen. Er hatte gebetet, daß das Mädchen, das sich anbot, die Kamele zu tränken, diejenige wäre, die Gott für Isaak ausgewählt hatte. Aber als das erste Mädchen, das zum Brunnen kam, diese Arbeit tat, schloß er daraus nicht sofort, daß Gott seine Gebete beantwortet hatte. Er begann auch nicht gleich zu reden und das Mädchen mit einer Geschichte über wunderbare Fügungen zu überrollen. Die Bibel sagt, daß der Mann ihr staunend zusah und schwieg, um zu erkennen, ob der Herr seiner Reise Glück gegeben habe oder nicht (1. Mose 24, 21).

Vielleicht war es Zufall!? Vielleicht war sie nur ein nettes Mädchen mit besonderer Tierliebe!? Der Mann wartete und beobachtete sie, während sie zwischen dem Brunnen und dem Wassertrog hin und her lief, bis zehn durstige Kamele aufhörten zu saufen. Er wollte wissen, ob sie bis zum Schluß durchhielt. Man hätte sich vorstellen können, daß ihr Angebot eine Höflichkeit und weiter nichts war. Aber wenn sie die Aufgabe beenden würde, würde er wissen, daß sie ein Mädchen war, das keine Angst vor harter Arbeit hatte. Als Isaaks Frau hätte sie nie die Aufgabe, Kamele zu tränken; aber ihre freudige Dienstbereitschaft würde bei allem, was sie sich zu tun vornahm von wesentlicher Bedeutung sein.

Als die Kamele versorgt waren, ruhte sich das Mädchen aus und wischte sich den Schweiß von der Stirn. Der Mann packte sorgfältig eine Satteltasche aus und gab ihr einen Ring und ein Paar Armringe aus purem Gold. Das war ganz eindeutig nicht ein ungeschickter Versuch, sie für ihre Arbeit zu bezahlen; wenn sie für Bezahlung gearbeitet hätte, wären ein paar Kupfermünzen genug gewesen. Aber sie hatte nicht für zehn Kamele Wasser geschleppt, um dafür bezahlt zu werden, und der Mann versuchte auch nicht, sie zu

bezahlen. Er gab ihr – vielleicht, ohne es selbst zu wissen – Beweise für den Reichtum, der der ihre sein würde, wenn sie sich als die von Gott für Isaak bestimmte Braut erweisen würde.
Elieser war sich immer noch nicht völlig sicher. Erst als sie ihm erzählte wer sie sei, wußte der Mann, daß sie tatsächlich das gesuchte Mädchen war. Sie stellte sich als Tochter Bethuels, des Neffen Abrahams vor. Daran erkannte der Mann ohne jeden Zweifel, daß Gott ihn geführt hatte. Wie hätte er sonst die Wüste durchqueren und Wochen später genau an dem Brunnen ankommen können, den Abrahams Verwandte benutzten?
Es ist wichtig, sich zu vergegenwärtigen, daß er seine Schlußfolgerung nicht auf einen einzigen Vorfall stützte. Sicher, das Mädchen erfüllte die Bedingung, die er in seinem Gebet angegeben hatte. Aber das hätte ein Zufall sein können. Wenn man jedoch die Identität des Mädchens als eine Verwandte Abrahams und den Auftrag in Abrahams Verwandtschaft eine Braut zu suchen – hinzunimmt, dann wird das, was bloßer Zufall hätte sein können, zu einer klaren Führung und Gebetserhörung. Gott hatte ihn unzweifelhaft geführt.
Es kann sein, daß Isaaks Kinder die Geschichte tausendmal gehört haben. Sicher ist jedenfalls, daß sie und ihre Nachkommen sich des himmlischen Führers bewußt waren. Ihr Liederbuch, das wir als das Buch der Psalmen kennen, ist voller Hinweise darauf, wie Gott sein Volk führt.
Auch heute tut er das noch. Das ist sogar einer der Tests für eine echte Beziehung zu Gott. Der Apostel Paulus erklärte es so: »Denn so viele durch den Geist Gottes geleitet werden, die sind Söhne Gottes« (Römer 8, 14).

Kapitel 65

Ein Beispiel für göttliche Führung

Abrahams Hausknecht glaubte nicht an etwas Abstraktes, an eine »göttliche Vorsehung«; er glaubte an einen lebendigen Gott. Sein erstes Gebet war eine ungekünstelte Unterredung mit einer Person – einer göttlichen Person – gewesen, der der Mann vertraute, daß sie ihn zu dem einen Mädchen führen würde, die Gott zur Braut für Isaak bestimmt hatte. Deshalb wußte der Mann, daß er nie allein, sondern immer in den Händen des Herrn war. Diese Überzeugung drückte er in seinem zweiten Gebet aus, als er, nach der Vorstellung des Mädchens als eine Verwandte Abrahams, Gott dafür dankte, daß er ihn auf seinem Weg geführt hatte. Später, als er die ganze Geschichte im Beisein von Rebekkas Familie genau erzählte, betonte er diesen Punkt. Ihre Familie teilte seine Meinung: »Von Jehova ist die Sache ausgegangen«, sprachen sie (1. Mose 24, 50). Das, was wir »göttliche Fügung« nennen, hängt zu einem gewissen Grade davon ab, mit wieviel Sorgfalt und Umsicht wir an eine Sache herangehen. Da es sein Auftrag war, ein Mädchen zu finden, ging der Mann zu einem Brunnen und nicht zum Maschinenschuppen. Und weil er ein Mädchen suchte, das sich als Ehefrau und nicht als Spielkamerad eignete, mied er die Kneipe des Ortes. Wie die Ereignisse zeigten, war sein gesunder Menschenverstand genau das, was der Herr brauchte, um ihn zum Ziel zu führen.

Die Lehre, die wir daraus ziehen können, liegt auf der Hand: wir sollten in einer Angelegenheit unseren von Gott gegebenen, gesunden Menschenverstand benutzen und nachdem wir das getan haben, darauf vertrauen, daß Gott für die gewünschten Ergebnisse sorgt. Glaube an Gott verursacht nicht einen Kurzschluß in unserem Gehirn; im Gegenteil, er bringt uns dazu, daß wir uns mit besonderer Sorgfalt um das bemühen, was wir gerade als Aufgabe haben. Statt uns über Verzögerungen oder scheinbare Umkehrungen ins Gegenteil aufzuregen, vertrauen wir Gott, daß er die

Angelegenheit zum richtigen Ende bringt, wie dies auch immer aussehen mag. Paulus drückte diese Wahrheit auf sehr schöne Weise aus, als er schrieb: »Wir wissen aber, daß denen, die Gott lieben, alle Dinge zum Guten mitwirken, denen, die nach (seinem) Vorsatz berufen sind« (Römer 8, 28).

Damit gab Paulus keine schön klingende Theorie zum besten. Dies war eine der fundamentalen Wahrheiten seines Lebens. Er formulierte sie nach unzähligen Erfahrungen, die die meisten Menschen als enttäuschende Rückschläge, ja sogar als Beweise für das Gegenteil von Gottesführungen bezeichnen würden. Manchmal befand sich Paulus in großer Not (2. Korinther 11, 9); zu einer notwendigen Rechtfertigung bekennt er, daß er Gefängnisstrafen verbüßt habe, unzählige Male geschlagen und gesteinigt worden sei, Schiffbruch erlitten habe. Sein Leben bestand aus ständigen Gefahren inmitten von Leiden. Er wußte, was es hieß, erschöpft, frierend, hungrig, durstig und voll Schmerzen zu sein.

Wo ist da die göttliche Fügung? Nun, in demselben Brief, in dem er bekennt, so viel Pech gehabt zu haben – denn dafür werden es viele seiner Leser gehalten haben – betont er, daß Gott ihn immer geführt habe. »Gott aber sei Dank, der uns allezeit im Triumphzug umherführt in Christus«, sagt Paulus (2. Korinther 2, 14). Paulus hatte in seinem Leben als Christ immer im Gebet seine Wege dem Herrn befohlen, und dann hatte er die Entscheidungen getroffen, die die Umstände zu erfordern schienen. Die Ergebnisse überließ er Gott. Was auch immer passierte, so glaubte Paulus, gehörte in einen göttlichen Plan und war gut für ihn.

Kapitel 66

Aufrichtiger Dienst

Rebekka zu finden war nur ein Teil der Aufgabe. Es blieben noch die Verhandlungen mit ihrer Familie und die Heimreise. Abrahams Diener würde sich erst dann nicht mehr verantwortlich fühlen, wenn er das Mädchen Isaak übergeben hatte.

Zuerst einmal war da die Aufgabe, ihre Familie davon zu überzeugen, daß er offen und ehrlich war. Das Mädchen, das ihn hatte beten hören, hatte keine Zweifel über ihn. Sie wußte, daß er ein Mann Gottes war. Aber sie hatte einen Bruder, der in ihrem Namen handelte, und der stellte eine mögliche Bedrohung für die Hoffnungen des Elieser dar. Abraham mag Schwierigkeiten von ihm oder jemandem wie ihm vorausgesehen haben, denn er hatte seinem Knecht versichert, daß er ihn nicht für einen Mißerfolg verantwortlich machen werde, wenn die Familie des Mädchens sich weigern sollte, sie gehen zu lassen (1. Mose 24, 41).

Aber Gott fügte auch das richtig: Laban, der Bruder Rebekkas, stellte keine unmittelbare Bedrohung dar. Er zeigte sich sogar von dem, was er sah, positiv beeindruckt. Er wertete den goldenen Ring und die goldenen Armreife, die Rebekka erhalten hatte. Der Mann war offenkundig kein Landstreicher, der eine kostenlose Mahlzeit haben wollte. Er war buchstäblich beladen mit Geld und konnte es sich mit Leichtigkeit leisten, im Hotel des Ortes zu wohnen. Als Laban von seiner Schwester die Geschichte über die Unterhaltung am Brunnen hörte, wußte er, daß der Mann ernst zu nehmen war. Er eilte zu dem Brunnen und lud den Vormann und seine Begleiter ein, mit ihm nach Hause zu kommen. Labans Begrüßungsworte sind ein klassisches Zeichen der Gastfreundschaft der früheren Zeit. »Komm herein, Gesegneter Jehovas!« sagte er. »Warum stehst du draußen? denn ich habe das Haus aufgeräumt, und Raum ist für die Kamele« (Vers 31). Dann, so berichtet die Geschichte, kam der

Mann in das Haus, und der Tisch wurde für das Abendessen gedeckt.
Aber Elieser weigerte sich, zu essen. Er sagte: »Ich will nicht essen, bis ich meine Worte geredet habe« (Vers 33).
»In Ordnung«, erwiderte Laban, »fang an.« Und nun erzählte der Mann Abrahams seine Geschichte.
Er war in Wirklichkeit ein alter Gefolgsmann der Familie, vielleicht sogar ein Sklave, den Abraham in Damaskus gekauft hatte, bevor er nach Kanaan zog. Als er zurück nach Mesopotamien geschickt wurde, um eine Braut für Isaak zu suchen, lagen schon viele Dienstjahre hinter ihm. Abraham hatte offensichtlich großes Vertrauen zu ihm; sonst hätte er ihm nicht zehn Kamele gegeben, die mit Gold und Edelsteinen beladen waren. Er wußte, daß sein Knecht treu war.
Trotzdem war es vielleicht eine Versuchung für den Mann, einfach weiter zu reisen. Er reiste ja schließlich in Richtung Damaskus, von woher er vor so vielen Jahren gekommen war. Mit all den Schätzen in seinem Besitz hätte er sich in seiner alten Heimat als ein reicher Mann niederlassen können. Aber er war Abraham vollkommen treu; seine einzige Sorge waren die Interessen Abrahams.
Die Treue des Mannes beruhte auf seiner Bewunderung für die wirkliche Größe, die Abraham besaß. »Jehova hat meinen Herrn sehr gesegnet, so daß er groß geworden ist«, berichtete er (Vers 35). Er war sich der Größe Abrahams bewußt, und er kannte auch ihren Ursprung. Der Herr hatte Abraham groß gemacht. Andernfalls hätte er sich in nichts von irgendeinem anderen Bauern in Palästina unterschieden – er wäre vielleicht reich gewesen, aber in keiner Weise bemerkenswert, und er hätte den Mann nicht zu der Treue inspiriert, die er für ihn fühlte. Weil Gott Abraham groß gemacht hatte, schämte sich Elieser nicht, sich als Abrahams Diener auszugeben. »Ich bin Abrahams Knecht«, sagte er einfach. Er machte keine Vorbehalte und gab sich auch nicht als Abrahams Partner, Verbündeter oder Hauptgeschäftsführer aus. Nein, er war Abrahams Diener, und es war seine Aufgabe, sich um Abrahams Interessen zu sorgen.
Deshalb weigerte er sich, zu Abend zu essen, bevor er nicht seinen Auftrag erklärt hatte, und deshalb drängte er auf einen sofortigen

Aufbruch zur Heimreise, sobald die Verhandlungen abgeschlossen worden waren. Früh am Morgen schlüpfte er aus seinem Schlafsack und begann, die Tiere zu satteln. Die Familie des Mädchens war überrascht. Sie hatten gemeint, er würde sich noch etwa eine Woche lang ausruhen, bevor er nach Kanaan zurückkehrte. »Nichts zu machen!« antwortete der Mann. »Haltet mich nicht auf . . . entlasset mich, daß ich zu meinem Herrn ziehe!« (Vers 56).

Seine aufrichtige Ergebenheit für Abraham und seine Interessen ist für alle, die wissen, daß sie Knechte eines weitaus größeren Herrn sind, ein Vorbild. Aufrichtigkeit und Treue sind Merkmale wahren Dienstes. Selbst unser Herr, der – unabhängig von irgend jemand – wahre Größe besaß, machte es auf der Erde zu seiner Aufgabe, den Willen des Vaters zu tun, der im Himmel ist. »Ich suche nicht meinen Willen«, sagte er, »sondern den Willen dessen, der mich gesandt hat« (Johannes 5, 30). Er erklärte auch, daß es seine Speise sei, den Willen dessen zu tun, der ihn gesandt hatte (Johannes 4, 34). Er diente nicht mit Widerwillen; es war sein Lebensinhalt. Gleichzeitig stellte sein vollkommener Gehorsam unter den Willen seines Vaters der Welt gegenüber die Liebe unter Beweis, die er für seinen Vater empfand (Johannes 14, 31).

So zeigen wir Christen unsere Liebe zu Gott. »Wenn ihr mich liebt«, sagte der Herr zu seinen Jüngern, »so werdet ihr meine Gebote halten« (Johannes 14, 15). Gehorsam ist der Prüfstein der Liebe. Die zielstrebige Entschlossenheit des Vormanns, mit der Aufgabe, die ihm zugeteilt worden war, voranzukommen, war also nicht schlechte Laune oder die Überspanntheit eines Fanatikers; es war ein Zeichen seiner echten Liebe zu Abraham.

Seine Entschlossenheit ist ein Beispiel für uns Christen, denen der Herr eine Aufgabe gegeben hat. Es ist gefährlich leicht, nachzulassen und schließlich aufzustecken und zu versagen. Als der Apostel Paulus an seine Freunde, die Kolosser, schrieb, bat er sie, einem der ihren eine besondere Botschaft zu überbringen. »Sagt Archippus«: schrieb Paulus, »sieh auf den dienst, den du im Herrn empfangen hast, daß du ihn erfüllst« (4, 17). Unter seinen letzten Worten an seinen besonderen Freund Timotheus war dieselbe Nachricht: »Vollführe deinen Dienst!« schrieb er aus dem Gefängnis (2. Timotheus 4, 5).

Indem er Nachdruck darauf legte, bat Paulus seinen Freund, das zu tun, was er zu seiner Lebensaufgabe gemacht hatte – seinen Auftrag zu vollenden. »Ich achte mein Leben nicht der Rede wert«, erklärte er, »damit ich meinen Lauf vollende und den Dienst, den ich von dem Herrn Jesus empfangen habe« (Apostelgeschichte 20, 24). Das ist also das Ziel: die Aufgabe erfüllen. Das war das Lebensziel von Abrahams Knecht, und es muß auch das unsere sein.

Kapitel 67

Heiratshilfe

In früheren Zeiten wurden Ehen arrangiert, und an solchen bedeutsamen Unternehmen waren ganze Familien beteiligt. Die Entscheidung, die man traf, war deshalb eine Familienentscheidung. Etwas derart wichtiges wie ein Eheschluß wurde nicht unreifen jungen Leuten allein überlassen. Da der Erfolg der Ehe ganze Familien, wenn nicht gar ganze Gemeinden betraf, verlangten ihre Familien ein Mitspracherecht.

Das erscheint sinnvoll und ist, zumindest oberflächlich gesehen, eine vernünftigere Art der Handhabung, als es in modernen westlichen Nationen meist Sitte ist. Während die weniger bedeutsamen Vorbereitungen für die Hochzeit oft von vielen Personen getroffen werden, wird die Frage, wer wen heiratet, einem unerfahrenen jungen Mann und einem genauso unerfahrenen Mädchen allein überlassen. Oft ist man zu jung, um im anderen Geschlecht die Qualitäten zu erkennen, die für eine gute Ehe von Bedeutung sind. Und, was noch schwerwiegender ist: wenn die jungen Menschen ein paar Jahre der romantischen Ausstrahlung der Medien ausgesetzt waren, so kann das durchaus schädliche Illusionen von Liebe, Treue und Verantwortung in ihnen bewirkt haben. Ihre Ehe kann also schon zum Scheitern verurteilt sein, bevor sie sich bei der Hochzeit das Ja-Wort geben.

Das wurde Rebekka erspart. Ihre Ehe wurde für sie arrangiert, aber ihre Interessen blieben geschützt. Ihre gesamte Familie machte sich Gedanken, und man traf erst dann die Entscheidung, als man alle Tatsachen kannte: Ja, Rebekka wird Isaak heiraten. Das war weder impulsiv noch berechnend. Aus Rebekkas Sicht war das auch nicht diktatorisch. Bei der Unterhaltung mit Abrahams Brautwerber war sie anwesend, und wenn man sie schon wegen der Zeit der Abreise zu Rate zog, ist die Annahme durchaus berechtigt, daß sie auch bei der Übereinkunft über die Ehe mitreden konnte.

Den letzten Ausschlag gab die Überzeugung, daß hier eine Führung Gottes vorlag. Als der Elieser seine Rede beendet hatte, sagte Rebekkas Bruder einfach: »Von Jehova ist die Sache ausgegangen; wir können dir nichts sagen, weder Böses noch Gutes.« Damit wollte er sagen, daß er in dieser Frage keine Entscheidungsfreiheit, keine andere Wahl hatte. Die Anzeichen dafür, daß Gott den Mann zu ihrem Haus gebracht hatte, waren so stark, daß sie es als vom Herrn beschlossen anerkannten, und sie beugten sich vor dem Willen Gottes.
Heute ist es höchst unwahrscheinlich, daß viele junge Christen unserer städtischen Gesellschaft die Suche ihres Partners ihren Familien überlassen. Das Familienleben und die Autorität der Familie selbst ist so sehr geschwächt, daß nur wenige Familien für diese Aufgabe fähig wären, wenn man sie ihnen übertragen würde. Sicher aber ist es nicht zu viel verlangt, wenn man von jungen Christen erwartet, daß sie die Regelung dieser fast wichtigsten Lebensfrage dem Herrn überlassen.
Das bedeutet allerdings, daß wir Gott vertrauen, daß er uns auch in diesen Fragen führt, und zwar gemäß den Prinzipien, die in der Bibel festgelegt und illustriert worden sind. Abrahams Knecht sagte: »*Mich* hat Jehova geleitet« (1. Mose 24, 27), und Rebekkas Familie stimmte dem zu.
»Von Jehova ist die Sache ausgegangen«, sagten sie. Das war alles, was sie wissen mußten. Das ist alles, was wir brauchen; das ist aber auch das mindeste, was wir wissen müssen, wenn unsere Ehe funktionieren soll.

Kapitel 68

Das Unterpfand

Als Rebekka mit dem Tränken der Kamele fertig war, hatte ihr Abrahams Mann einen goldenen Ring und goldene Armreife gegeben. Das war kein billiger Tand, sondern wertvolle, echte Stücke. Aber erst als Rebekkas Familie in den Eheschluß eingewilligt hatte, holte Elieser die wirklich wertvollen Geschenke hervor. Die Bibel berichtet: »Und der Knecht zog hervor silbernes Geschmeide und goldenes Geschmeide und Kleider und gab sie der Rebekka« (1. Mose 24, 53).

Die Geschenke, die er Rebekka gab, waren nicht ein Brautpreis, den er der Familie zahlte. Sicherlich, er gab auch ihnen Geschenke; aber der größte Teil der Schätze, die er auf seinen Kamelen mit sich geführt hatte, wurde Rebekka übergeben und später auf die Rückreise nach Kanaan mitgenommen. Die Kamele kehrten genauso schwer beladen zurück, wie sie die Hinreise angetreten hatten.

Man sollte beachten, daß Abrahams Knecht diese Berge von Gold und Silber nicht benutzte, um Rebekka zu »kaufen«. Er gab ihr nicht viel wirklich Bedeutendes, bevor nicht die Übereinkunft geschlossen worden war. Sicher, der Ring und die Armreife waren mehr wert, als das Wasser für seine Kamele; aber sie reichten keinesfalls aus, um die Zuneigung des Mädchens zu kaufen. Es waren einfach Geschenke der Liebe, die dem Mädchen gegeben wurden, das bald Isaaks Braut werden würde.

Diese Geschenke waren auch ein Beweis für Abrahams gewaltigen Reichtum und Hinweis für die Art von Geschenken, mit denen Isaak Rebekka nach der Hochzeit überschütten würde. Nach der Hochzeit würde sie mehr bekommen als vorher und der Geber all dieser Gaben würde ihr Ehemann sein. Während der langen Reise durch die Wüste zu einem Land, das sie nie gesehen hatte, und zu einem Mann, den sie nicht kannte, gewannen diese Geschenke außer ihrem Geldwert noch einen psychologischen Wert. Sie gaben

ihr die Gewißheit, daß sie nicht auf dem Wege zum Ende der Welt war, und sie halfen ihr zu glauben, daß ihr Mann wohlhabend, liebevoll und freigebig war.
Vielleicht dachte der Apostel Paulus an diese Liebesgeschenke Isaaks, als er schrieb, daß Gott uns »das Unterpfand des Geistes in unsere Herzen gegeben hat« (2. Korinther 1, 22). Wenn wir im Lexikon unter »Unterpfand« nachsehen, entdecken wir folgendes: »1. Eine Anzahlung und eine Sicherheit beim Abschließen eines Geschäfts; 2. etwas, was als ein Hinweis auf das, was kommen wird, getan wird.« Paulus erklärte, daß die Gabe des Heiligen Geistes solch ein Unterpfand ist – d. h. eine Anzahlung, etwas, was als ein Hinweis auf das, was kommen wird, gegeben wird.
Was er damit genau meinte, wird durch eine andere Stelle noch deutlicher.
Paulus sagte, daß der Heilige Geist »das Angeld auf unser Erbe« sei (Epheser 1, 14). Wir Christen haben den Heiligen Geist. Nun, erklärt Paulus, daß dieses Geschenk ein Hinweis auf all das ist, was unser vollständiges Erbe, welches im Himmel für uns aufbewahrt ist, ausmacht. Wir sind Miterben Christi – wer kann den Wert unseres Erbes im Himmel abschätzen? Im Vergleich dazu sind Rebekkas Juwelen überhaupt nichts!

Kapitel 69

Abschiedsschmerz

Für junge Liebende ist die Zeit bis zur Hochzeit mit ruheloser Erwartung erfüllt. Sie zählen ungeduldig die Tage und denken kaum noch an etwas anderes. Wenn der große Tag gekommen ist, wird ihre Einheit vollkommen sein, und sie werden bis an ihr Lebensende glücklich zusammen leben. Das glauben sie jedenfalls, und in ihrer Unschuld sind sie glücklich.

Für ihre Eltern mag die Wartezeit mit etwas weniger Begeisterung erfüllt sein. Auch sie zählen die Tage und denken kaum noch an etwas anderes. Aber für sie bedeutet der große Tag Trennung und nicht Vereinigung. Meist wird es in unserer beweglichen Gesellschaft für beide Familien Trennung bedeuten, weil die jungen Liebenden, nachdem sie vor den versammelten Zeugen ihr Eheversprechen geleistet haben, zum Flughafen wegstürmen, um das Flugzeug zur Küste zu erreichen, wo der Bräutigam eine schöne Stelle gefunden hat, die auf sie wartet. Sie fliegen glücklich davon, während ihre Familien weinend zum Parkplatz zurückgehen. Statt an sentimentale Phrasen zu denken (›man verliert zwar eine Tochter, gewinnt aber einen Sohn‹ und umgekehrt), sind sie sich nur des Verlustes bewußt, und es bringt wenig Trost, über die Unvermeidlichkeit des ganzen nachzudenken.

Als Rebekkas Familie in ihre Heirat mit Isaak einwilligte, klang es irgendwie großartig. Am Abend gingen sie glücklich zu Bett. Aber als der Morgen kam und sie sahen, daß ihr Gast seine Sachen packte und hörten, wie er davon redete, sofort nach Hause aufzubrechen, waren sie bestürzt. Zum ersten Mal fiel ihnen ein, daß Rebekkas Hochzeit für sie den Verlust einer äußerst anziehenden Tochter und Schwester bedeutete. Sie versuchten, es aufzuschieben. »Warum die große Eile?« protestierten sie. »Wir brauchen etwa zehn Tage, um Rebekkas Aussteuer zusammenzubringen.« Aber sie verschwendeten nur ihre Zeit, und noch bevor eine Stunde um war, wußten sie es. Also verwandten sie ihre Energien auf die Vorbereitungen für Rebekkas Abreise. Sie wußten, daß auch sie Schmerz empfinden würde; sie war schließlich ein weichherziges Mädchen voll zärtlicher Liebe.

Auch wegen der langen Reise durch die Wüste war man besorgt. Deshalb betete man zusammen, statt zu weinen, als der schmerzvolle Moment kam. »Du, unsere Schwester«, redeten alle Rebekka zu, »werde zu tausendmal Zehntausenden, und dein Same besitze das Tor seiner Feinde!« (1. Mose 24, 60). Es war kein besonderes Gebet, aber es war das beste, was die Familie für solch eine Situation hatte.

Jahre später dichteten Rebekkas Nachkommen für die, die durch die Wüste reisen, ein besseres Gebet. Vielleicht stützten sie es auch auf die Erfahrungen, die ihre Stammutter machte, als sie sich so viele Jahre früher in die Wüste wagte. Es ist eigentlich ein Lied und lautet:

> Er wird nicht zulassen, daß dein Fuß wanke.
> Dein Hüter schlummert nicht.
> Siehe, nicht schläft noch schlummert
> der Hüter Israels.
> Der HERR ist dein Hüter,
> der HERR ist dein Schatten über deiner rechten Hand.
> Am Tage wird die Sonne nicht stechen,
> der Mond nicht bei Nacht.
> Der HERR wird dich behüten vor allem Unheil,
> er wird dein Leben behüten.
> Der HERR wird deinen Ausgang und deinen Eingang behüten
> von nun an bis in Ewigkeit.
>
> (Psalm 121, 3–8)

Wenn man an sie glaubt, können Versprechen wie diese selbst einen tränenreichen Abschied in eine Zeit der Danksagung verwandeln. »Der HERR wird . . . dein Leben behüten.« Wenn du das nächste Mal einer Braut ›Auf Wiedersehen‹ sagst, gib ihr diese Worte mit statt gedankenloser, leerer Glückwünsche.

Kapitel 70

Gedanken während der Reise

Für Abrahams Knecht verlief die Rückreise durch die Wüste ungestört und sorglos. Sein Herz war ruhig, denn er hatte seinen Auftrag ausgeführt und befand sich nun auf dem Heimweg. Auf dem Kamel hinter ihm ritt ein wundervolles Mädchen – eine wirklich gute Partie für Isaak. *Nein*, dachte er, *sie ist nicht nur ein wundervolles Mädchen. Sie ist vielmehr das Mädchen, das Gott bestimmt hat.* Die Umstände, die ihn zu ihr geführt hatten, waren zu deutlich und ungewöhnlich gewesen, als daß er hätte denken können, es wäre Glück gewesen. So ritt er ruhigen Herzens dahin.

Auch für das Mädchen war die Reise angenehm, ja sogar aufregend. Nachts lagerten sie unter dem Sternenhimmel. Sie lag auf dem Rücken und beobachtete die Sternbilder, die sie erkennen konnte. Wußte sie, daß Gott die Himmel, den Mond und die Sterne gemacht hatte? Und wenn sie es wußte, war sie dann über seine Liebe zu ihr verwundert? Warum sollte er, dessen Finger die Sterne an ihren Platz gesetzt hatten, sie umsorgen? Warum sollte er die Ereignisse so ordnen, daß Abrahams Diener diese scheinbar weglose Wüste durchquert hatte und sie tatsächlich an einem Brunnen in Mesopotamien gefunden hatte? Es verwirrte sie, genauso, wie es einen ihrer Nachkommen, David, verwirrte, der auch die Sterne beobachtete und darüber staunte, daß ein Gott, der das Universum erschuf, tatsächlich den Menschen an die Spitze des ganzen stellen sollte (Psalm 8).

Es gab noch andere in der Gruppe: die Kameltreiber, die Abrahams Mann begleitet hatten, Rebekkas Dienerinnen und ihre Amme. Über die Kameltreiber ist nichts bekannt, außer daß sie keine Knaben waren. Sie waren wie jeder andere in Abrahams Mannschaft gut ausgebildete Männer. Es würde Räubern in der Wüste schlecht bekommen sein, wenn sie sich mit ihnen angelegt hätten.

Sie waren zuverlässige Männer, die wahrscheinlich Abrahams großen Glauben an den lebendigen Gott, den Schöpfer von Himmel und Erde, teilten.
Zusammen mit Rebekka ritt ihre Amme. Sie war eine ältere Frau und hatte den größten Teil ihres Lebens in Rebekkas Dienst zugebracht. Sie hieß Debora. Über sie berichtet die Bibel nicht mehr, als daß sie, nach ihrem Tode, unter einer Eiche nahe bei Bethel begraben wurde und daß man den Ort Allon Bakuth nannte, d. h. »Die Eiche des Weinens« (1. Mose 35, 8). Das war ihre Grabinschrift – einfach, aber vielsagend. Obwohl nicht berichtet wird, daß irgend jemand um sie weinte, als sie Mesopotamien verließ, so weinte doch am Ende ihres Lebens Rebekka um sie, und Rebekkas Kinder weinten ebenfalls. Das wäre für jeden eine schöne Grabinschrift.
Es gab in der Gruppe noch andere Mädchen, aber über sie wird nichts gesagt. Sie waren Rebekkas Mägde und höchstwahrscheinlich Sklavinnen. Dennoch wußte Rebekka wahrscheinlich, daß der Schöpfer Himmels und der Erde ihre Sklavinnen genauso beachtete, wie sie selbst. Rebekkas Nachkommen wußten, daß ihr Gott ohne Ansehen der Person handelt. Die soziale Stellung eines Menschen bedeutet ihm nichts. In einem ihrer Lieder sangen Rebekkas Großtöchter diese Worte:

> Glücklich der, dessen Hilfe der Gott Jakobs ist, dessen Hoffnung auf dem HERRN, seinem Gott, steht . . .
> Er schafft Recht den Bedrückten . . .
> Der HERR macht die Gefangenen frei . . .
> Der HERR richtet die Gebeugten auf.
> Der HERR liebt die Gerechten.
> Der HERR behütet die Fremdlinge,
> Waisen und Witwen hilft er auf;
> aber er krümmt den Weg der Gottlosen. (Psalm 146, 5–9)

Die Mägde waren also in Sicherheit; und wenn ihnen auch kein Ehemann im voraus versprochen worden war, so waren sie doch bereit, sich dem Herrn anzuvertrauen, der über die Fremdlinge wacht.

Kapitel 71

Selten, aber nicht ausgestorben

Isaak wuchs ohne Brüder und Schwestern auf. Er war ein Einzelkind, dessen Eltern alt waren, als er geboren wurde. Außerdem waren sie reich, so daß er vor den alltäglichen Nöten der Kinder der Armen geschützt war. Isaak dachte nie über solch »weltliche« Dinge nach, wie die Frage, wo das nächste Essen herkommen würde, oder wo er das Geld für die Schulgebühren finden könnte. Als kleiner Junge lebte er in einem warmen Nest. Nach modernen Maßstäben war er nicht für die Wirren der Außenwelt vorbereitet. In der Geschäftswelt mit ihrer Konkurrenz würde er keine zehn Minuten bestehen können.

Vielleicht nicht. Aber Isaak war nicht ganz so unvorbereitet für das Leben, wie manche denken mögen. In mancher Hinsicht war er weit besser gerüstet, mit den wirklich wichtigen Dingen im Leben fertigzuwerden, als solche, deren Ausbildung sie zu fähigen Kampfhähnen macht, die aber nicht viel mehr als das sind. Isaak war ein nachdenklicher Mann, der die Stille liebte. Diese seine Vorliebe war nicht eine psychische Eigenart; er war nicht in sich selbst zurückgezogen oder gesellschaftsfeindlich. Stattdessen war es eine unentbehrliche Ausrüstung für einen Mann, der damit fertig werden mußte, daß er seine geliebte Mutter verloren hatte, und der lernen mußte, sich an die Einsamkeit zu gewöhnen.

Nachdenkliche Männer sind selten.

Es mag nur wenige von ihnen geben, denn unsere Gesellschaft gibt oberflächlichen Rednern einen höheren Rang, als tiefgründigen Denkern, aber diejenigen, die existieren, sind eine zähe Gattung. Sie haben mit Sicherheit wenig Energien für mörderische Konkurrenz. Anstatt bei der wilden Kletterei auf der sozialen Leiter auf andere zu treten, lassen die »Isaaks der Welt« zu, daß sie getreten werden. Nichtsdestotrotz überleben sie.

Sie überleben, weil ihre Gewohnheit des Meditierens sie mit inneren Quellen versieht, von denen die ruhelosen Schwätzer der Welt überhaupt nichts wissen. Man sollte natürlich verstehen, daß richtige Meditation dem Gebet gleicht. Das ist nicht nur eine Gehirntätigkeit. Es ist auch nicht grübelnde Selbstbeobachtung. Die Art von Meditation, der sich Isaak widmete, war eigentlich Gebet.

Einer seiner Nachkommen lernte diese Disziplin schon früh in seinem Leben. »Ich gedenke der Tage der Vorzeit«, sagte er. Das ist der erste Schritt zu sinnvoller Meditation: sich erinnern. Aber es war kein gefühlvolles Schwelgen in Erinnerungen. »(Ich) überlege all dein Tun«, fügte er hinzu. »Ich sinne nach über das Werk *deiner* Hände.« Er erinnerte sich an das, was Gott in der Vergangenheit getan hatte und folgerte daraus, daß, wenn Gott früher gehandelt hatte, er auch jetzt wieder handeln würde. Mit dieser Zuversicht betete der Mann und sagte: »Zu dir breite ich meine Hände aus. Gleich einem lechzenden Land (schmachtet) meine Seele nach dir!« (Psalm 143, 5–6; siehe auch Psalm 77, 10–12).

An einer anderen Stelle sagte derselbe Mann, nachdem er von seinem Nachsinnen über den Herrn und der Hilfe des Herrn in vergangenen Zeiten gesprochen hatte, daß er im Schatten der Flügel des Herrn jubeln würde. »Meine Seele hängt an dir«, fügte er hinzu. Das ist also die Folge von Meditation: Freude an Gott und die feste Entschlossenheit, an ihm zu hängen. Der Mann, der weiß, wie er sich im Herrn freuen kann und der entschlossen ist, ihm zu folgen, mag eine Seltenheit sein, aber er wird mit Sicherheit überleben.

Kapitel 72

Trost in der Einsamkeit

Nach dem Tode seiner Mutter war Isaak einsam. Sie war alt gewesen, als er geboren wurde, und weil er ihr einziger Sohn war, hatte sie ihn so geliebt, wie nur die lieben können, die jahrelang von Liebe träumen. Isaaks Kindheit und Jugend war voll Freude und frei von den Ängsten, die ungeliebte Kinder plagen. Er war in der Liebe seiner Mutter geborgen gewesen.

Als sie starb, war er einsam. Sein Vater war ein alter Mann, der an seinem persönlichen Kummer genug hatte. Er war nicht in der Lage, sich um seinen Sohn zu kümmern und ihn an den Erinnerungen teilhaben zu lassen, die ihm selbst den Schmerz versüßten. So blieb Isaak mit seinem Kummer allein. Aber er war nicht so hilflos und so sehr durch den Verlust seiner Mutter erschüttert, daß er nicht mehr leben konnte. Die Liebe seiner Mutter für ihn war nicht eine Liebe, die ihn erstickte oder die der Vorbereitung auf die Trennung, die mit Sicherheit auf ihn zukam, keine Beachtung schenkte. In den mehr als dreißig Jahren, in denen sie zusammen waren, hatte Isaaks Mutter ihn viele Lektionen gelehrt. Eine dieser Lektionen hieß Vergebung. Wir wissen das, weil er kurz nach ihrem Tode nach Beer-lahai-roi ging, zu dem Brunnen, der seinen Namen von Hagar, der alten Feindin seiner Mutter, erhalten hatte. Isaaks Mutter hatte ihm davon erzählt, wie sie das ägyptische Mädchen so sehr verfolgt hatte, daß sie in die Wüste geflohen war. Der Engel des Herrn hatte sie bei einer Wasserquelle gefunden. Zu der Zeit hatte sie noch keinen Namen; sie war einfach die »Quelle auf dem Wege nach Sur« (1. Mose 16, 7). Hagar hatte ihr einen Namen gegeben: Beer-lahai-roi, die Quelle derjenigen, die Gott sah und liebte. Sie kehrte ins Lager zurück und ordnete sich Sara unter. Es war ein Sieg für Sara – oder zumindest schien es damals so.

Jahre später wird Sara Isaak wahrscheinlich erzählt haben, daß es in der Tat ein Sieg gewesen war, aber nicht die Art von Sieg, für die sie ihn damals gehalten hatte. Als sie über Hagars Erlebnis mit Gott nachdachte, lernte Sara, ihre eigene Bitterkeit und Verachtung für ein hilfloses Sklavenmädchen geringzuschätzen. Sara hatte Hagar vergeben.

Beer-lahai-roi war in Abrahams Lager zu einem alltäglichen Ausdruck geworden. Er drückte großartige Wahrheiten aus, wie zum Beispiel die Treue Gottes, der über seine Leute wacht. Kann ein Sklavenmädchen weglaufen, ohne daß er den Schlag ihres gebrochenen Herzens hört? Beer-lahai-roi sagt: nein. Dieser Brunnen machte Isaak auch deutlich, daß Gott der Gott allen Trostes ist. Er nimmt nicht nur Notiz von den Szenen, die an ihm vorüberziehen, und heftet sie in seiner wohlgeordneten Erinnerung ab; er sendet seine Engel.

Isaak war noch lange nach dem Tod seiner Mutter einsam. Er vermißte seine Mutter und brauchte die Liebe eines Menschen. Deshalb ging er nach Beer-lahai-roi und hatte mit Gott Gemeinschaft. »Herr«, sagte er, »ich bin einsam. Gib mir einen Freund!« Während er betete, beantwortete Gott sein Gebet. Wußte Isaak, daß sich zur gleichen Zeit langsam eine Karawane von Kamelen auf ihn zubewegte? Wußte er, daß auf einem der Kamele ein wunderschönes Mädchen ritt, ein Mädchen, das Gott dazu bestimmt hatte, die Leere seines Herzens auszufüllen? Gott, der seine Leute sieht und sie in allen ihren Leiden tröstet, sandte zu genau der Stunde den rechten Trost.

Während Isaak betete, wurde er unterbrochen. Er hörte etwas. War es der Ruf eines Treibers in der Ferne, oder war es das Knarren eines Ledersattels? In jenen Tagen gab es keinen dauernden Lärm, der taub macht. Der Schall pflanzte sich sehr weit fort.

Der Mann sah auf und bemerkte in der Ferne Kamele! Die Karawane kehrte zurück. Er zählte die Kamele und wußte sofort, daß es mehr waren, als weggeritten waren. Der Vertraute des Vaters hatte also das Mädchen gefunden! Isaaks Herz war erregt. Er setzte sich in Bewegung. Zuerst ging er, dann hüpfte er über die Furchen des gepflügten Feldes auf die herannahenden Kamele zu. Die Bibel beschreibt diese Szene nur sehr knapp, als ob sie andeuten will, daß Worte nicht genügen, um die Erregung und Erwartung in dem Gesicht des jungen Mannes zu schildern. Sie sagt nur: »Und

Isaak . . . nahm Rebekka, und sie wurde sein Weib, und er hatte sie lieb« (1. Mose 24, 67). Er hatte die menschliche Liebe, die er brauchte, gefunden. Sein Herz hatte einen Gegenstand für seine Liebe gefunden.
Isaaks geduldiges Warten auf Rebekka ist ein Hinweis auf die Geduld des Christus beim Warten auf seine Braut, die Gemeinde. In einem seiner Briefe betete der Apostel Paulus, daß der Herr die Herzen seiner Leser auf »das Ausharren des Christus« richten möge (2. Thessalonicher 3, 5). Jede Sehnsucht, die wir Christen nach der Wiederkunft des Herrn verspüren mögen, ist nur eine schwache Spiegelung seines eigenen Verlangens. Schließlich war er es, der seine Jünger zu beten lehrte: »Unser Vater, der (du bist) in den Himmeln, geheiligt werde dein Name; dein Reich komme« (Matthäus 6, 9–10).
Meinen wir manchmal, die Reise sei lang und ohne Ende? Für ihn sind die Jahre auch lang.
Auch er wartet, und bald werden wir ankommen.

Kapitel 73

Hier kommt die Braut

Wochen waren vergangen, seit Rebekka zum Verheißenen Land aufgebrochen war. Wenn sie gewußt hätte, wie lange es dauern würde, oder wie hart der Höcker eines Kamels war, hätte sie vielleicht nicht mit so viel Begeisterung in die Reise eingewilligt. Die ersten paar Tage im Freien waren bezaubernd, aber noch lange bevor das Ende der Reise in Sicht war, war der tägliche, mühsame Trott durch die Wüste langweilig geworden. Sie sehnte sich danach, ihr Ziel zu erreichen. Die Begeisterung, die sie zuerst beim Schlafen unter den Sternen verspürt hatte, war verschwunden. Die Reise schien kein Ende zu nehmen. Ein Tag wurde zur Nacht, und auf die Nacht folgte wieder ein Tag, und sie ritten immer noch weiter.

An einem Spätnachmittag hing Rebekka in ihrem Sattel und fragte sich, warum ihr Führer nicht hatte halten lassen. Für gewöhnlich ließ er sehr zeitig halten, um Feuerholz zu sammeln und sich auf die Nacht vorzubereiten, bevor die Dunkelheit hereinbrach. *Heute wird die Zeit aber sehr knapp werden,* dachte sie. *Vielleicht hat der alte Mann die Reise genauso satt, wie ich – so satt, daß er nicht mehr richtig denken kann.*

Sie entschloß sich, ihn zu fragen, wie lange er an diesem Tag noch reiten wolle. Sie schaute auf und sah, daß sich die Landschaft während der letzten Stunde verändert hatte; sie ritten an gepflügten Feldern entlang. Dann sah sie einen Mann auf sie zukommen. Er sah zielbewußt aus.

Rebekka ließ ihr Kamel halten. Sie rutschte von seinem Rücken und landete auf ihren Füßen. »Wer ist der Mann, der uns da auf dem Felde entgegenkommt?« fragte sie den Mann, der für die Karawane verantwortlich war.

»Das ist mein Herr«, antwortete er. Da erkannte Rebekka, daß er ihr zukünftiger Ehemann war. Er kam, um sie zu treffen.

In der ganzen Bibel gibt es keine schönere Szene als das Zusammen-

treffen von Isaak und Rebekka. Der Erzähler ist auffallend sparsam mit seinen Worten, aber mit ein wenig Phantasie kann man das Geschehen mit Leichtigkeit rekonstruieren. Allerdings würde sich ein Maler durch Rebekkas Schleier sehr gestört fühlen. Er verbarg ihr Gesicht selbst vor Isaak.
Maler mag der Schleier stören, aber Dichtern bereitet es kaum Schwierigkeiten, die Gefühle zu beschreiben, die Rebekka zu dem Zeitpunkt hatte. Christen haben diese Szene immer als eine Vorausschau auf das Zusammentreffen der Gemeinde mit dem himmlischen Bräutigam gedeutet. Dinge, die sich nicht malen lassen, lassen sich manchmal mit Worten andeuten. Ein Schriftsteller tat das folgendermaßen:

Lang schon führte mich mein Führer
auf dem Wüstenpfad;
nun seh' ich die gold'nen Türme
von der Gottesstadt.
Dort, voll Herrlichkeit und Liebe,
wartet er auf mich;
mein Nam' ist ihm eingegraben,
er vergißt mich nicht.

Es ist für uns nicht schwer zu sehen, daß er die Inspiration für diese Zeilen aus der Geschichte über Rebekkas Reise durch die Wüste erhielt. Sie hatte ihren Führer, und wir Christen haben den unseren: den Heiligen Geist Gottes. Er führt uns. Es wäre wert, darüber einmal nachzudenken!

Kapitel 74

Verschiedene Rollen

Isaaks Ehe mit Rebekka hatte alle Aussichten, glücklich zu werden. Nichts geringeres als die Vorsehung Gottes, hatte sie zusammen gebracht. Ihre Ehe war wirklich »im Himmel geschlossen worden«. Sie hatte auch die Billigung ihrer Familien. Weiter besaßen beide Ehepartner alle erdenklichen körperlichen und gefühlsmäßigen Vorzüge. Rebekka war schön, und wenn man auch nicht viel über Isaaks Äußeres weiß, so deuten doch verschiedene Hinweise in der Bibel darauf hin, daß er sicher nicht übel aussah. Das Kind, dessen Geburt ein Wunder war, war aller Voraussicht nach vollkommen gebildet. So hielt ihn Rebekka wahrscheinlich für genauso gut aussehend, wie er sie schön fand.

Trotzdem hätte ihre Ehe auseinanderfallen können. Schließlich ist schon mehr als eine Ehe auseinandergegangen, die anscheinend im Himmel geschlossen worden war. Auch in solchen Ehen gab es Anzeichen einer göttlichen Führung. Zum Zeitpunkt der Eheschließung waren vielleicht beide, Mann und Frau, davon überzeugt, daß Gott sie zusammengebracht hatte. Ihre Familien waren einverstanden, so daß ihre Ehe die zusätzliche Unterstützung der Verwandtschaft hatte. Und dennoch scheiterte die Ehe.

Der Bericht über Isaaks Ehe mit Rebekka gibt mit einigen sehr knappen Aussagen das Geheimnis für den Erfolg ihrer Ehe an. Das Geheimnis lag darin, daß jeder der beiden die Rolle übernahm, die Gott ihm zugewiesen hatte. Als Rebekka den Isaak sah, verhüllte sie sich mit einem Schleier. Der Schleier war ein Symbol der Demut und der Unterordnung unter ihren Ehemann. Indem sie ihr Gesicht mit einem Schleier bedeckte, drückte Rebekka ihre Bereitschaft aus, die Rolle der Frau, so, wie sie damals verstanden wurde, anzunehmen.

Für moderne Mädchen ist es sicher nicht nötig, sich zu verschleiern, sobald sie sich verloben. Moderne Männer werden mit weniger dramatischen Zeichen zufrieden sein, die anzeigen, daß das Mädchen bereit ist, solch eine Ehefrau zu sein, wie Gott es erwartet. Sie muß sich ihrem Ehemann unterordnen. Sie soll nicht wie ein Wurm sein, der vor einer überlegenen Person kriecht, und sie soll auch sicher nicht bedenkenlos alles annehmen, was ihr Ehemann sagt. Der Ausdruck lautet »sich unterordnen«, und das bedeutet, die Autorität des Ehemanns als von Gott gesetztes Haupt anzuerkennen (vgl. 1. Korinther 11, 3 + 16; 1. Timotheus 2, 11–15).

Heute wird diese göttliche Norm verhöhnt. Man sagt, es gäbe für eine Frau nichts entwürdigerendes, als die Autorität ihres Mannes anzuerkennen. Nun, wer das tut, streitet weder mit mir, noch mit dem Apostel Paulus. Er streitet mit Gott. Eine Schlüsselstelle in der Bibel zu diesem Thema ist Epheser 5, 21–33.

In diesem Abschnitt spricht Paulus natürlich auch von der Rolle des Mannes. Als Oberhaupt der Familie hat er bestimmte, deutliche Verpflichtungen. Das wichtigste dabei ist die Liebe zu seiner Frau. Die Art von Liebe, an die Paulus dachte, wird klar definiert: es ist die aufopfernde Liebe. »Wie auch der Christus die Gemeinde geliebt und sich selbst für sie hingegeben hat« – das ist der Maßstab.

Für diejenigen, die mehr Einzelheiten brauchen, erklärt Paulus dieselben in einem klassischen Abschnitt über dieses Thema. Es ist in 1. Korinther 13 zu finden und ist für sogenannte Liebende Pflichtlektüre. Ehemänner, deren Liebe zu ihren Frauen den Normen, die im Neuen Testament aufgestellt werden, ziemlich nahekommt, werden keine Schwierigkeiten mit zänkischen Frauen haben.

Die Bibel sagt, daß Isaak Rebekka liebte. Im Licht der eben zitierten Stellen im Neuen Testament wissen wir jetzt, wie sehr er sie wirklich liebte.

Kapitel 75

Die Freuden des Älterwerdens

Abraham war der einzige Mann in der Weltgeschichte, der zweimal alt wurde. Als er Haran verließ, um nach Kanaan zu gehen, war er ungefähr fünfundsiebzig Jahre alt. In der damaligen Zeit war das noch nicht alt, aber fünfundsiebzig Jahre später war er zweifellos alt, egal welchen Maßstab man anlegt. Die Bibel sagt, daß sein Leib »erstorben« war (Hebräer 11, 12; Schlachter). Im Alter von 99 Jahren kündigte ihm Gott an, er würde einen Sohn bekommen, und ein Jahr später wurde wirklich Isaak geboren. Da seine Eltern alte Leute waren, die die Zeit des Kinderbekommens eigentlich schon lange hinter sich hatten, war Isaaks Geburt ein Wunder. Seine Mutter war neunzig und nach Isaaks Geburt bekam sie keine weiteren Kinder; sie wurde einfach alt und starb. Abraham aber heiratete vierzig Jahre nach Isaaks Geburt erneut, und seine zweite Frau gebar mindestens sechs Kinder. Die Bibel nennt ihre Namen. Gott hatte Abrahams Jugend erneuert und für ihn getan, was weder alte noch die modernen Lebenselixiere für die tun können, die bei ihnen Hilfe suchen. Mit einhundertundvierzig war Abraham jünger als Männer, die nur halb so alt waren wie er. Nichts und niemand hätte das für ihn tun können, was Gott für ihn tat. Durch ein Wunder erhielt er seine verlorengegangene Jugend wieder.
Da es dem Menschen bestimmt ist, einmal zu sterben, konnte selbst Abraham dem Alterungsprozeß nicht für immer entgehen. Nur denen, die jung sterben, bleiben die Beschwerden des fortgeschrittenen Alters erspart. Für die anderen ist das Altern unvermeidlich; es gibt keine Möglichkeit, seinem unerbittlichen Herannahen Widerstand zu leisten. Viele erwarten es mit Grauen, wie auch der Prediger aus alter Zeit, der das Alter als »die Tage des Übels . . . die Jahre . . . von welchen du sagen wirst: Ich habe keinen Gefallen an ihnen« beschreibt (Prediger 12, 1). Tage des Übels – Jahre, in denen deine normalen Freuden zu Asche geworden sind.

Für Abraham war das Alter nicht so – selbst beim zweiten Mal nicht, als er wußte, daß die Uhr nicht wieder zurückgestellt werden würde. *Sein* Alter war anders. Statt wie der Prediger zu seufzen, daß er keine Freude am Leben habe, war sich Abraham über die Segnungen des Herrn im klaren. Er hatte, wie jeder andere alte Mensch, seine Schwierigkeiten mit einem alternden Körper.
Aber Abraham achtete nicht darauf; er wußte, daß sein innerer Mensch »Tag für Tag erneuert« wurde (siehe 2. Korinther 4, 16). Das war für ihn mehr als ein Ausgleich für den Verlust seiner physischen Manneskraft. Wie sein Zeitgenosse Hiob, so wußte auch er, daß sein Erlöser lebt. Er wußte auch, daß er, Abraham, in seinem Fleisch Gott sehen würde.
Es braucht keine allzugroße Phantasie, um sich vorstellen zu können, daß sich ein Mann mit einem Verständnis für die Wahrheit der Auferstehung des Körpers in seinem Alter nicht so bedrückt fühlt wie ein Mann, für den seine Zeit abläuft. Die Zeit eines Mannes, der Gott kennt und die Auferstehung erwartet, läuft nicht ab; sie beginnt gerade. Aber vielleicht ist diese Art, die Idee auszudrücken, nicht korrekt. Statt an *Zeit*, einen Abschnitt zwischen zwei Ereignissen, zu denken, kann sich ein Mann des Glaubens auf die *Ewigkeit* freuen, die ohne Ende ist. Sie hat am anderen Ende keine Begrenzung.
Abraham mag diese Wahrheit nie so präzise ausgedrückt gehört haben, wie man sie im Neuen Testament vorfindet. Er hörte nie, wie der Herr Jesus sagte, daß er seinen Freunden ewiges Leben geben würde (Johannes 10, 28). Aber Abraham kannte Gott; und er kannte ihn als den Schöpfer Himmels und der Erde. Der Gedanke der Ewigkeit war ihm nicht fremd. Daher war sein hohes Alter weder sauer noch bitter. Abraham konnte auf ein Leben der Freundschaft mit Gott zurückblicken und sagen, daß Gott ihn »in allem« gesegnet habe (1. Mose 24, 1). Er konnte sich auch darauf freuen, seinen Erlöser mit seinen Augen zu sehen. Für ihn war das hohe Alter absolut nicht schlimm und qualvoll.

Kapitel 76

Zufriedenheit wird garantiert

Abraham war in seinem hohen Alter einigermaßen gesund. Diese Zeit war für ihn genauso gut wie die Jugend; sie war vielleicht anders, aber immer noch gut. Dies galt aus mindestens zwei Gründen: Erstens hatte Gott sich nicht geändert. Abraham spürte zwar das Nachlassen seiner körperlichen Kräfte. Wie jeder andere alte Mensch wußte er, daß er nicht mehr das tun konnte, was er als junger Mann getan hatte. Er hatte sich verändert. Aber Gott hatte sich nicht geändert. Er würde seinen alternden Diener niemals verlassen oder versäumen.

Jahrhunderte später bekundete Gott diese großartige Wahrheit in einer offiziellen Erklärung an Abrahams Nachkommen. »Höre auf mich, Haus Jakob und aller Überrest des Hauses Israel«, sprach er, »die ihr von Mutterleibe an aufgeladen, von Mutterschoße an getragen worden seid! Und bis in *euer* Greisenalter bin ich derselbe, und bis zu *eurem* grauen Haar werde ich *euch* tragen; ich habe es getan, und ich werde heben, und ich werde tragen und erretten« (Jesaja 46, 3–4).

Abraham wußte zum anderen auch, daß sein hohes Alter fruchtbar war. Es stimmte, er hatte sich verändert. Aber die Veränderung war hauptsächlich eine körperliche. Er konnte zwar nicht mehr sein Kamel satteln und auf ihm durch die Wüste reiten. Er hätte seine alten Füße nicht im Steigbügel halten können. Aber in seinem Innern war er noch derselbe Abraham – der Freund Gottes. Wenn er Gott in seiner Jugend, als seine Kraft noch voll da war, geliebt hatte, würde er dann seinen göttlichen Freund in seinem Alter, wenn er sich seiner Bedürftigkeit mehr bewußt war, denn je, vergessen? Das wäre sehr unwahrscheinlich! Abraham hatte keine Sorge, daß er in seinem hohen Alter vom Glauben abfallen könnte.

Natürlich ist es zu jeder Zeit des Lebens denkbar, sich von Gott abzuwenden. Aber man kann sich davor bewahren, ein schlechter alter Mann oder ein fruchtloser alter Mann zu werden, indem man in seiner Jugend gerecht und gottesfürchtig lebt. Es kann zu einer Gewohnheit werden, für Gott zu leben – eine gute Gewohnheit, die dich in deinem Alter davor bewahren wird, Böses zu tun. In Psalm 92 ist eine Feststellung über gerechte Menschen und ihr Ende:

> Der Gerechte wird sprossen wie die Palme,
> wie eine Zeder auf dem Libanon wird er emporwachsen.
> Die gepflanzt sind im Hause des HERRN,
> werden grünen in den Vorhöfen unseres Gottes.
> Noch im Greisenalter gedeihen sie,
> sind sie saftvoll und grün,
> um zu verkünden, daß der HERR gerecht ist.
> Er ist mein Fels, und kein Unrecht ist an ihm.
>
> (Psalm 92, 13–16)

Die Palme ist ein schönes Bild von Abrahams Alter, seinem »guten Alter«, wie es die Bibel nennt (1. Mose 25, 8). Wie eine königliche Palme war er in seinem Alter grün und voll Saft und brachte noch Frucht für Gott. Es war ein Zeugnis für seinen Charakter als wahrer Gottes-Mann. Und was noch mehr Bedeutung hat: Abrahams Fruchtbarkeit in seinem Alter war ein Zeugnis für die Treue Gottes. Gott sorgte für seinen Freund gerade dann, als er allmählich zum Greis wurde.

Als Abraham starb, berichtete die Bibel, daß er »*der Tage* satt« war (1. Mose 25, 8). Wenn du genau hinsiehst, wirst du bemerken, daß die Worte »der Tage« kursiv gedruckt sind, was bedeutet, daß sie nicht in den Originalmanuskripten enthalten sind. Die Übersetzer dachten, daß sie notwenig wären, um im Englischen dem einen Wort, das im Manuskript zu finden ist, dem Wort »satt«, einen Sinn zu geben. Beim Revidieren schaute man sich dieses Wort jedoch genau an und entschied, daß es keiner Ergänzung bedurfte. Man ließ es für sich stehen, wenn es auch einige mit »befriedigt« anstatt mit »satt« übersetzten.

Befriedigt – das ist, was die Bibel in Wirklichkeit über Abrahams Alter sagte. Das Geheimnis seiner Befriedigung im Alter war, daß er sich früh in seinem Leben entschlossen hatte, dem Herrn zu folgen, und Gott hatte ihm Verheißungen gegeben. Gott war diesen Verheißungen ganz und gar treu. In seinem hohen Alter konnte Abraham zurückschauen und sagen, daß er alles erhalten hatte, was er je in seinem Leben hatte haben wollen. Er war befriedigt.

Die einzigen wirklich befriedigten Menschen auf der Welt sind die, die nach den richtigen Dingen getrachtet haben. Was sind die richtigen Dinge? Jesus wußte es. »Glückselig, die nach der Gerechtigkeit hungern und dürsten«, sagte er, »denn sie werden gesättigt werden« (Matthäus 5, 6). Gott fragte sein Volk durch einen der Propheten, warum sie Geld für das ausgäben, was nicht befriedigt (Jesaja 55, 2). Warum willst du deine Kraft auf der Suche nach etwas erschöpfen, das nicht befriedigen kann? Nur diejenigen, die nach Gerechtigkeit hungern und dürsten – und sie von ganzer Seele suchen – werden befriedigt werden.

Als er vor so vielen Jahren quer durch die Wüste aufbrach, hatte sich Abraham auf die Suche nach Gerechtigkeit gemacht. Ihn hatte danach gehungert, ihn hatte danach gedürstet. Und weil er nach Gerechtigkeit gehungert und gedürstet hatte, hatte Gott jedes seiner Gebete beantwortet. Er war in seiner Jugend befriedigt gewesen und jetzt in seinem Alter auch. Das ist eine schöne Art zu leben, und das ist eine schöne Art zu sterben.

Kapitel 77

Auf der Heimreise

Abraham hatte einen leichten Tod. Die Bibel sagt einfach, daß er verschied (1. Mose 25, 8). Es sind nur ein paar Worte, aber sie beschreiben das Bild eines alten Mannes, der ruhig im Bett lag, als das Ende herankam. Er wußte, daß er im Sterben lag, aber der Tod hatte für ihn nichts Schreckliches an sich. Was für ein Grauen er auch einst gehabt haben mochte – es war für immer verschwunden. Auf dem Berg Morija hatte er gelernt, daß Gott fähig ist, Menschen vom Tod aufzuerwecken. Er wußte, daß er die Zeitspanne zwischen Tod und Auferstehung nicht in einer Art Vorhölle oder an einem Ort der Qual zubringen mußte. Er erwartete voll Zuversicht, in eine noch engere Gemeinschaft mit seinem Gott zu kommen als er sie in seinem Leben genossen hatte.

Gemäß der Bibel wurde er »zu seinen Völkern« versammelt. Es ist klar, daß diese Aussage nicht bedeutet, daß seine Gebeine in Ur in Chaldäa seinem Geburtsort begraben wurden, oder in Haran in Mesopotamien, wo viele seiner Verwandten lebten. Der Hinweis auf einen Versammlungsort deutet auf den Ort hin, an dem sich die Toten sammeln – im Hebräischen *Scheol.* Im Alten Testament werden nicht viele Einzelheiten über den Scheol übermittelt, aber so viel ist klar: Männer Gottes der früheren Zeiten erwarteten, daß sie nach ihrem Tode bei Gott sein würden.

Mehrere Aussagen in den Psalmen machen diese Erwartung deutlich. Wohl jeder kennt den dreiundzwanzigsten Psalm. »Nur Güte und Huld werden mir folgen alle Tage meines Lebens«, sagte der Schreiber (Vers 6). Ist das alles? Ist Gott nur für dieses Leben gut? Nein, nicht nur für dieses Leben. »Ich kehre zurück ins Haus des HERRN lebenslang.« So beendet der Schreiber den Psalm. Ein anderer schreibt, daß Gott seine Seele von der Gewalt des Totenreichs erlösen werde (Psalm 49, 16); und ein dritter sagt aus, daß, wenn auch sein Fleisch vergehen würde – d. h. wenn er sterben

würde – so würde Gott dennoch auf ewig seines Herzens Fels und sein Teil sein (Psalm 73, 26).
Genau das war Abrahams Hoffnung. »Nach deinem Rat leitest du mich, und nachher nimmst du mich in Herrlichkeit auf« (Psalm 73, 24). Da ist es ganz natürlich, daß er ruhig war. Er sprach vom Sterben nicht wie einer, der auf den Tod und auf das, was danach kommt, neugierig ist, sondern wie einer, der Gott vertraut, daß er ihn sicher durch die eisigen Wasser des Todes bringen würde. Er beschäftigte sich mit den Dingen nach dem Tode, und das war sicher besser, als wenn er sich vorgemacht hätte, daß seine Schwäche oder sein Leiden schon vorbeigehen würde. Abraham hatte kein Verlangen nach den Heucheleien, die einige Leute für angebracht halten, wenn der Tod naht. Er wußte, daß er im Sterben lag, und er wollte, daß es jeder im Lager wußte.
Sie sollten auch wissen, daß er sicher war, wohin er gehen würde. Jahre vorher, als er ein vergleichsweise junger Mann war, hatte Gott ihm versprochen, daß er in einem guten, hohen Alter in Frieden zu seinen Vätern eingehen würde. Er wußte, daß er sich der Gesellschaft all derer anschließen würde, die in ihrem Leben Gott gekannt hatten und von ihm in Ehren aufgenommen worden waren. Abraham hatte überhaupt keinen Zweifel daran. Wie hätte er auch anzweifeln können, was Gott ihm zugesagt hatte?
Genauso ist es für Christen möglich, ohne jeden Zweifel zu wissen, wohin sie gehen werden, wenn sie sterben. Die Gewißheit der Erlösung ist keine Anmaßung; es ist einfach eine Sache des Glaubens an das, was Gott gesagt hat. Gewißheit hat so wenig mit Anmaßung zu tun, daß das Gegenteil davon – Zweifel über die Zukunft, oder sogar Besorgnis darüber – das gleiche wäre, wie wenn man Gott einen Lügner nennen würde. Der Apostel Johannes drückte das sehr treffend aus, als er sagte, daß derjenige, der Gott nicht glaubt, ihn zum Lügner gemacht hat (1. Johannes 5, 10). So einfach ist das.
Nichts lag Abraham ferner als das; er hatte Gott sein Leben lang geglaubt, und er wollte das nicht ändern, als er im Sterben lag. Deshalb war der alte Mann beruhigt. Und eines Morgens, eines Morgens war er gegangen – versammelt zu seinen Vätern.
Wenn der Erwerb der Höhle als Familiengruft ein Zeugnis für

seinen Glauben an die Zukunft des Landes gewesen war, so war sein Beharren darauf, neben seiner geliebten Sara beerdigt zu werden, ein Zeugnis für seine Liebe zu ihr und für seinen Glauben an die Auferstehung.
Abrahams Beerdigung war ein Beispiel für Schlichtheit. Alles, was uns berichtet wird, ist: »Und seine Söhne . . . begruben ihn in der Höhle von Machpela, . . . dort wurden Abraham und sein Weib Sara begraben« (1. Mose 25, 9–10). Vor vierzig Jahren hatte Abraham die Höhle und das sie umgebende Land von seinen ursprünglichen Besitzern gekauft. Er hatte eine Familienbegräbnisstätte haben wollen, als ein Zeugnis für seinen tiefen Glauben an Gott. Symbolisch erhob er damit für seine Nachkommen Anspruch auf das Land.